Eberlein Autogenes Training mit Jugendlichen

Dr. med. Gisela Eberlein

Autogenes Training mit Jugendlichen

Econon Verlag Düsseldorf · Wien

1. Auflage 1977

Gesetzt aus der 10 Punkt Akzidenz Grotesk der Berthold AG
Satz: Aske+Kleine-Möllhoff GmbH, Hattingen
Papier: Papier- und Folienfabrik Schleipen GmbH, Bad Dürkheim
Druck und Bindearbeiten: Mohndruck, Reinhard Mohn oHG, Gütersloh
Printed in Germany
ISBN 3430123011

Inhalt

Einführung 7
1 Das Autogene Training – Schlüssel zur Gesundheit 11
2 Das Autogene Training – eine Hilfe für das Leben 15
3 Gerd und die Aggressivität 19
4 Ingrid lernt das Sprechen 22
5 Monika und die Sexualität 25
6 Peter der Mürrische 28
7 Rolf und die Krankheit 31
8 Theo ist dagegen 35
9 Annette hat Angst 38
10 Vater war der Beste 40
11 Helmut und das Internat 45
12 Friedrich und seine Eltern 48
13 Helga und die Pille 50
14 Volker und die Mädchen 52
15 Bernhard und die Erwartungsangst 54
16 Dirk und das Abitur 59
17 Eberhard hat Herzklopfen 60
18 Hat das Leben einen Sinn? 62
19 Die Technik der Übungen 67
20 Die Ruheeinstellung 71
21 Die Schwereübung 78
22 Die Wärmeübung 80
23 Die Herzübung 83
24 Die Atemübung 85
25 Die Sonnengeflechtsübung 90
26 Die konzentrative Kopfeinstellung 94
27 Die Vorsatzhilfen 97

28 Kurse für Fortgeschrittene 103
29 Rainer und die Drogen 109
30 Zwanzig Jahre Gruppenarbeit 116
31 Lernanleitung 119
Übungsplan
zum Autogenen Training der Unterstufe 123

Einführung

Dieses Buch »Autogenes Training mit Jugendlichen« schreibe ich aus der Beobachtung meiner Praxis heraus. In den letzten Jahren sind es immer mehr Jugendliche, die Rat und Hilfe bei mir suchten, die sich vor allem für das Autogene Training interessierten, um damit einen Weg zu sich selbst zu finden.

Die Jugend hat heute viel mehr Freiheiten als früher. Die Jugendlichen sprechen von der stetig wachsenden und notwendigen Bewußtseinserweiterung, da sie fühlen, daß sie im Grunde genommen in ihrem Innersten oft allein und einsam sind.

Einsamkeit und nicht Verstandenwerden führen häufig in eine depressive Haltung. Der Jugendliche kapselt sich ab, zu Hause geht er nicht aus sich heraus. Die Kommunikation ist besonders dann gestört, wenn alte autoritäre Formen noch eine wesentliche Rolle spielen, die viele Erwachsene heute abzubauen versuchen.

Viele Jugendliche haben Schwierigkeiten in ihrer Familie. Entweder werden sie nicht verstanden, oder sie verstehen die Eltern nicht mehr.

Eltern und Geschwister leben sich oft zu einem Zeitpunkt auseinander, an dem jeder den andern noch braucht, um zu wachsen und zu reifen.

»Sofort, wenn ich das Abitur habe, gehe ich aus dem Haus«, erzählte mir Gaby, die sich als jüngste von 5 Kindern – sie hat vier Brüder – unverstanden fühlte. »Alle wollen mich erziehen. Jeder nörgelt an mir herum, hat etwas auszusetzen und gibt mir gute Ratschläge. Meine Eltern verstehen mich nicht: »Kind tue dies und lasse jenes. Du darfst, du sollst, du darfst nicht« – den ganzen Tag geht das so. Ich will endlich mein eigenes Leben leben.«

Die Jugendlichen streben von zu Hause weg und sind doch oft unsicher und im Innern voller Angst. Was den Jugendlichen das Leben so schwer macht, sind meist unverarbeitete Spannungen. Sie zu lösen, ist ihr Ziel. Ihr Verhalten wird jetzt durch gleichaltrige Bezugspersonen entscheidend beeinflußt, positiv wie auch negativ. Dies ist eine entscheidende Entwicklungsphase.

Die Trennung von zu Hause, der Drang zur Eigenständigkeit – zur Selbstfindung – vollzieht sich um so besser, je mehr eine innere Bindung erhalten bleibt.

Die Lösung muß erfolgen, das eigene Selbst entdeckt werden, und doch ist der Wert innerer Bindungen die »Wurzel unter der Erde«, d. h., die Kraft im Unterbewußten – für einen Teil der Jugendlichen wesentlich. Von hier aus werden die verborgenen Kraftquellen gespeist.

Diese zu entdecken und neue Kräfte zu schöpfen, ist eine Aufgabe des Autogenen Trainings. Dies erspüren viele, die nach solchen Möglichkeiten suchen.

Emotionelle Kräfte, aus dem Gemüt kommend, vom Autogenen Training angesprochen, mit Phantasie ausgestattet, erweitern den gedanklichen Spielraum und die Fähigkeit, sich im zwischenmenschlichen Bereich zu bewegen.

Die Persönlichkeitsreifung wird angesprochen und eine Antwort auf viele Fragen gegeben.

Einer der Jugendlichen gab mir bei seinem ersten Besuch einen Zettel in die Hand mit den Worten:

»Ich bin nicht der, der ich gern sein will.
Ich bin nicht der, der ich sein könnte, weil ich nicht der sein soll.«
Hier wird die Frage der Selbstfindung, der Persönlichkeitsreifung deutlich angesprochen, aber auch die Unsicherheit: »Wer bin ich, warum bin ich, was soll ich?«
Der junge Mensch steht, und dies ist ein Schwerpunkt in der Pubertät, vergleichbar einer zweiten Geburt – auf einer neuen Lebensstufe, mit der er selbst vertraut werden, sich also selbst finden muß. Die Abnabelung soll und muß erfolgen, die Hilfestellung dazu, zum Weg nach innen, kann ihm – zu einem Teil – vom Autogenen Training gegeben werden.
Andere wissen den Wert innerer Bindung an Bezugspersonen wie Eltern, Geschwister, Klassenlehrer besser einzuschätzen.
Einer von ihnen weinte, als die Schulzeit zu Ende war. Er war einer von denen, der mit Vater und Mutter verbunden war, der mit positiver Einstellung und Freude an die neu auf ihn zukommenden Aufgaben heranging. Und doch empfand er durch das Loslösen von der Schule, von der Klasse, vom Elternhaus bei Beginn des neuen Lebensweges Traurigkeit. Der Verlust der Bezugspersonen war für ihn eine schmerzhafte Erkenntnis, denn Alleinsein und Einsamkeit fordern neue Kräfte, die man erst suchen und finden muß. Viele andere können es gar nicht erwarten, endlich frei von allem zu sein – von der Erziehung der Eltern, anderer Erwachsener, der Lehrer, der Schule. Viel später wissen sie erst um die Bedeutung einer Gemeinschaft, eines

gemeinsamen Weges, denn jetzt müssen sie alles allein bewältigen. Sie bedürfen auch jetzt Menschen, Freunden, denen sie sich anvertrauen können.
Die Gefahr, auf dem Weg der Entwicklung zur Persönlichkeit zu straucheln, ist groß. Die Informationen in unserer technisch perfektionierten Welt sind wohl größer geworden, nicht aber die Fähigkeit und Kraft, sie zu verarbeiten.
Massenmedien stürmen auf die Jugendlichen ein, die Sucht breitet sich aus. Nikotin-, Alkohol-, Drogensucht sind heute zum Begriff geworden. So droht dem jungen Menschen infolge eines Mangels an Vor- und Leitbildern Gefahr. Er wird heute immer mehr in die passive Lebensform hineingedrängt, als selbst aktiv zu leben.
Viele empfinden die Gefahr dieses Teufelskreises, wünschen sich mehr Aktivität und Selbstvertrauen, um aus der Angst, der Enge herauszukommen.
Dies sind einige Ursachen, die viele Jugendliche zum Autogenen Training führen. Zögernd, zweifelnd kommen sie, um den Weg der Selbstfindung zu gehen.

1 Das Autogene Training – Schlüssel zur Gesundheit

Was ist Autogenes Training – so etwas ähnliches wie Joga oder Transzendentale Meditation? Ist es verwandt mit dem Zen-Buddhismus?

Das Autogene Training ist eine Methode der konzentrativen Selbstentspannung, mit der es gelingt, über das vegetative Nervensystem jederzeit Ruhe und Erholung zu erreichen und darüber hinaus Organe und Organsysteme zu beeinflussen. Sie wurde von dem bekannten Berliner Nervenarzt J.H. Schultz in den Jahren 1926–1932 entwickelt. Allen Meditationsformen gemeinsam ist der Weg nach innen, die Entspannung in tiefer Ruhe. Die Methoden von Joga, Transzendentaler Meditation oder Autogenem Training, so verschieden sie auch sein mögen, haben doch ein gemeinsames Ziel – die Selbstverwirklichung.

Das Autogene Training stellt sich somit als eine Methode der Entspannung dar, als Autohypnose oder auch Selbstbeeinflussung im körperlichen und seelischen Bereich, die zur Harmonie führen.

Harmonisch sein heißt gesund sein.

In dieser Harmonie werden kreative Kräfte wach, neue Gedanken entwickeln sich und eine konzentrative Einstellung ermöglicht die Erreichung eines Zieles.

Das Autogene Training ist ein Schlüssel zur körperlichen und geistigen Gesundheit. Nur der gesunde Mensch vermag die ganze Fülle seines Lebens zu entdecken, nur er kann seine Kräfte und Fähigkeiten gänzlich ausschöpfen. Erst der gesunde Mensch kann den Bogen des Lebens spannen, seine Aufgaben erfüllen und sein Ziel erreichen.

Jugendliche freunden sich – wenn auch oft nach anfänglichem Zögern – schnell mit dem Autogenen Training an. Bald sind sie von der möglichen Wirkung der Methode überzeugt. Der Erfolg ist jedoch auch eine Zeitfrage – 3 bis 4 Monate dauert es schon, bis man die Übungen der Unterstufe beherrscht. Dann besitzt man im Autogenen Training eine Hilfe zur Charakterbildung, zur Persönlichkeitsentfaltung.
Vor Beginn des Autogenen Trainings sollte der Hintergrund, gegebenenfalls die Problematik im zwischenmenschlichen Bereich erkannt und geklärt werden.
Was mir bei der Arbeit mit dem Autogenen Training bei Jugendlichen auffiel, war oft die herabgesetzte psychische Resistenz. Die Jugendlichen im Alter von 15–20 Jahren waren den Belastungen in der Lehre, im Beruf, in der Schule und auch in der Familie oft nicht gewachsen. Sie hatten zum Teil kein Selbstvertrauen, waren verstimmt, oft negativ eingestellt und hatten auch depressive Phasen durchzustehen.
Der Wunsch nach Leistungssteigerung, nach Erhöhung der Konzentration war bei allen vorhanden – und nachdem sie sich orientiert hatten, suchten sie Hilfe durch das Autogene Training. Hierdurch erwarteten sie letztlich Lösung der Spannungen und Komplexe und damit Überwindung der Schwächen. Sie hofften, nun geistig und körperlich zu erstarken und ihre Ziele zu erreichen.
Abwartend, teilweise skeptisch ließen sie sich in das Autogene Training einführen. Oft kamen sie mir vor wie Menschen, die äußerlich gelangweilt, jedoch innerlich sehr interessiert an der neuen Methode waren, dies aber

nicht zeigen wollten. Sie hatten oft eine Maske. Ich beobachtete, daß Spannung und Erwartung sie erfüllten, die sich von Mal zu Mal steigerten.
Was geht bei den Jugendlichen – vor allem in ihrer Wachstumsphase – vor? Wohinter verstecken sie sich? Was zeigen sie vordergründig, aber was sind sie wirklich? Was erwarten sie vom Leben?
Hier gilt es, die inneren Seiten zum Schwingen zu bringen, sich in die Schwingung hineinzufinden, sie zu verstehen und damit den jungen Menschen zu öffnen. Das Vertrauensverhältnis braucht eine ehrliche, ja freundschaftliche Basis – kein Verstehen von oben herab, sondern engen, guten Kontakt. Diesen bekommt man nur, wenn man als Übungsleiter offen und vom Helfen beseelt ist und alle Regungen des Jugendlichen akzeptiert. Jedes Persönlichkeitsmerkmal und jede Fehlhaltung haben Gründe. Es gilt, diese Ursachen in einer Atmosphäre der Ruhe und Geborgenheit, die das Autogene Training schafft, aufzudecken und aufzuarbeiten. Dies kann durch ein Gespräch mit dem Übungsleiter geschehen. Oftmals lösen sich jedoch die die Lebensführung beeinträchtigenden Fehlhaltungen durch den Umgang mit dem Autogenen Training »von selbst«.
Die konzentrative Selbstentspannung des Autogenen Trainings vermittelt jedem Menschen zu jeder Zeit an jedem Ort Ruhe und Erholung. Das sind die beiden ersten Forderungen im Autogenen Training, deren Erfüllung die erste Stufe auf dem Weg der Selbstentspannung darstellt. Anschließend kann man seine

Organe und Organsysteme beeinflussen. Somit hat man ein Fundament gelegt, auf dem die Bereitschaft zum inneren Reifen gedeihen kann. Mit sich selbst gegebenen konzentrativen Vorsätzen in der »Praxis der Selbsthypnose« gelingt es den Jugendlichen dann, zu sich selbst zu finden.

Der Jugendliche beginnt, sich der Bedeutung des Seins und seiner Aufgaben bewußt zu werden. Er lernt es, seine geistigen Schwingen auszubreiten und seine inneren Kräfte zu aktivieren. Er ist auf dem Wege, ein gesunder und bewußter Mensch zu werden.

2 Das Autogene Training – eine Hilfe für das Leben

Als ich 1956 anfing, das Autogene Training bei Jugendlichen durchzuführen, ahnte ich nicht, was alles auf mich zukommen würde. Die Gründe der Jugendlichen, das Autogene Training zu erlernen, sind heute wie damals im Prinzip die gleichen geblieben: Konzentrations- und Leistungsschwäche, oftmals verbunden mit Depressionen und Angstzuständen oder vegetativ bedingten Gesundheitsstörungen.

Gesteigert hat sich in erschreckendem Maße die Anzahl der jungen Menschen, die der Hilfe durch das Autogene Training bedürfen. Der Wunsch vieler Schüler, bessere Arbeiten zu schreiben, bestand auch damals, nur mit dem Unterschied, daß jetzt der »Numerus clausus« noch wie ein Damoklesschwert darüber steht und die Schulangst vergrößert. Aber außer diesen Gründen ist es die Problematik des Lebens selbst, die Lebensform heute, die die Jugendlichen nach etwas suchen läßt, was sie in unserer technisch-perfektionierten Welt nicht finden. Immer mehr und mehr stellte ich einen »inneren Notstand« fest, der sich über die Zeit der Reifung erstreckte und den Durchbruch zur Persönlichkeit oft schwer machte. Hier das Autogene Training als Lebenshilfe anzubieten, gehört zu meinen Aufgaben.

Nach Durchführung der ersten Kurse, die ich von Anfang an nur in kleinen Gruppen – maximal 10–15 Personen – gestaltete, war mir klar, daß der Erfolg des Autogenen Trainings nur dann gegeben war, wenn man individuelle Hilfen anbieten konnte.

Dazu gehört aber, daß man seine Teilnehmer kennt,

etwas über ihre Familie, ihre persönlichen Schwierigkeiten erfährt, also durch Vor- und Zwischengespräche den psychologischen Hintergrund klärt.
Die Schulangst, die meist früh beginnt und sich bis zum Abitur hinziehen kann, hat oft ihre Ursache in falscher Erziehung, falsch verstandener Autorität der Eltern, Mangel an Urvertrauen. Familienschwierigkeiten aller Art können Ursachen sein. Dies führt zu Entwicklungskrisen und zu Fehlhaltungen.
Sexuelle Schwierigkeiten verhindern manchmal den Durchbruch zur Persönlichkeit, Krisen – aus der Pubertät heraus entstanden – oft nicht erkannt, nicht abgebaut, führen zu Neurosen (Fehlhaltungen).
Die Angst jedoch steht im Vordergrund,
die Angst vor dem Versagen, vor dem Tag, vor neuen Aufgaben, die Angst vor allem und jedem.
Oft begegnete mir der junge hochaufgeschossene blasse Schüler, der aus lauter Angst bestand, vor Angst schwitzte, rot wurde, nicht frei sprechen konnte, der meistens Klassenarbeiten mit Herzklopfen und aus Angst schlecht schrieb.
Angst vor der Schule, vor der Prüfung, vor Klassenarbeiten und vor dem Abitur waren für viele Schüler ein Problem, das sie mit dem Autogenen Training lösen wollten.
Neben diesen Teilnahmegründen habe ich viele junge Menschen erlebt, die der Belastung, den Schwierigkeiten des Lebens nicht gewachsen waren. Meistens war das Elternhaus nicht intakt, Eheprobleme überschatteten oft den Tag.

Die jungen Menschen waren nicht so fertig, wie es schien. Und die zur Schau getragene Selbständigkeit und Sicherheit brachen oft im Einzelgespräch mit mir zusammen. Es sind manchmal Tränen geflossen – und die oft schon begrabene Sehnsucht nach Geborgenheit, Mutterliebe und Zärtlichkeit kam dann hervor. Es fehlte Nestwärme oder aber eine Bezugsperson überhaupt, die auch im schulischen Bereich schwer zu finden war.

Und so ist es verständlich, daß ich mit der Durchführung des Autogenen Trainings die Aufgabe bekam, nicht nur den jungen Menschen bei der Bewältigung ihrer Probleme zu helfen, sondern sie zu einer bewußten Lebensform zu führen.
Der schüchterne, ängstliche Mensch bekommt Mut und Selbstvertrauen.
Der immer Gerechte, von sich überzeugte, lernt es, den anderen Menschen zu sehen.
Der allzu Ehrgeizige lernt es, sich zu bescheiden.
Der in einer Fehlhaltung, einer Neurose lebende Mensch ist fähig, die Ursache seiner Fehlhaltung zu erkennen und sie auszuräumen.
Mit dem Autogenen Training ist es möglich, die im Menschen angelegten Kräfte zu suchen, zu finden und zu aktivieren. Dem Übenden gelingt es, positiv über der Situation zu stehen, seinen Weg zu erkennen und sein Ziel zu erreichen. Dabei hat der Mensch sich mit seinen geistigen Kräften in der Hand, er ist von innen her erstarkt und fähig, Wesentliches zu sehen und zu tun.

Das Autogene Training teilt sich in die Unter- und die Oberstufe*, wobei an der Oberstufe nur derjenige teilnehmen kann, der die Unterstufe beherrscht. Außer der Ruheeinstellung zu Beginn des Autogenen Trainings sind insgesamt 6 Übungen in der Unterstufe zu erlernen, die Schwere-, die Wärme-, die Herz-, die Atem-, die Sonnengeflechtsübung und die konzentrative Kopfeinstellung. Durch diese Übungen erhält man über das vegetative Nervensystem einen direkten Einfluß auf Organe und Organsysteme.
In der Oberstufe stehen Konzentration auf einen Gegenstand, auf einen Menschen oder Farberlebnisse im Vordergrund. Durch die Oberstufe kann dann auf der Grundlage des durch die Übungen der Unterstufe ruhiggestellten Körpers die seelische Entwicklung, die Selbsterkenntnis vertieft werden.

* Siehe auch meine beiden im Econ Verlag erschienenen Bücher »Gesund durch Autogenes Training« (Unterstufe) und »Autogenes Training für Fortgeschrittene« (Oberstufe).

3 Gerd und die Aggressivität

Gerd war 15 Jahre und der jüngste in einer Gruppe, die zum Autogenen Training kam. Er hatte seinen Vater durch einen Unglücksfall verloren. Die Mutter wurde von ihm nicht akzeptiert. »Sie versteht mich nicht!« sagte er. Die Schule bezeichnete er als »Mist«.
Er war einer von den aggressiven Schülern, die schwer zu bändigen waren. Er berichtete bei einer Übungsstunde – scheinbar unbekümmert –, daß er am Tag vorher sämtliche Fahrradschläuche angestochen und sich dann aus der Entfernung über den Ärger der Mitschüler gefreut hätte. Die anderen Teilnehmer der Gruppe waren betroffen, und die Einstellung Gerd gegenüber war spürbar voll Verachtung. Keiner konnte diese Schadenfreude verstehen.
Gerd erfuhr dann, wie scheußlich die Mitschüler seine Tat fanden. »Mir hat's aber Spaß gemacht!« trumpfte er auf. Ältere Schüler drehten den Spieß um. Sie drohten ihm an, die Luft aus den Reifen *seines* Fahrrades zu lassen. Und schon standen sie auf. Gerd – laut schreiend – fing an zu boxen und mußte jetzt ein paar harte Worte einstecken, bevor wieder Ruhe einkehrte.
Dann erst griff ich lenkend in das Gespräch ein. Man mußte Gerd etwas Zeit lassen, um ihm begreiflich zu machen, daß diese Tat kein Jungenstreich war. Er mußte die Folgen verstehen lernen. Im Laufe des Autogenen Trainings erfuhr er etwas über Nächstenliebe, über positive Einstellung im Leben – Begriffe, die im Autogenen Training erfaßt und benutzt werden.
Bei Gerd führte die Arbeit an sich selbst zu einer echten inneren Umstellung. Mit der Ruhe, der Möglichkeit der

konzentrativen Entspannung vertraut, erreichte er nach wenigen Wochen eine Harmonisierung seines Wesens. Auch ging er wieder gern in die Schule, war bereit zu lernen und wurde ein guter Schüler. Zu Hause wurde er aufgeschlossener, und er hatte bald ein gutes Verhältnis zu seiner Mutter. Alle, die mit ihm umgingen, waren erstaunt und erfreut.
Ein Schlußgespräch am Ende des Schuljahres brachte mir noch einige Erklärungen für die Krise, in der sich Gerd befunden hatte.
Da vertraute er mir an, daß er »immer wütend gewesen war«, weil er sich stets in »sexueller Not« befand. Seine 14jährige Freundin wollte nicht mit ihm schlafen, und er – voller Lust und Neugier – habe immer etwas Aufregendes tun müssen. Das hätte ihn sehr befriedigt, das hätte ihm einfach gut getan.
Nach Erlernen des Autogenen Trainings hatte er auch begonnen, sich wieder dem Sport zu widmen, u. a. Fußball zu spielen. Es ging ständig aufwärts mit ihm.
Gerd hatte sich damals in einer echten Entwicklungskrise befunden, in einer Krise, die ihn in Aggressionen trieb. Die Umwelt registrierte sie als Verhaltensstörung und verstand den Jungen nicht. Wer konnte die Zusammenhänge vermuten?
Gerd fand mit dem Autogenen Training eine echte Lebenshilfe, die ihn straffte, seine Kräfte weckte und ihn seinen richtigen Weg finden ließ.
Gerd ist heute auf dem Bau tätig, ist verheiratet und hat 2 Kinder. Gelegentlich sucht er mich auf, immer dann, wenn es irgendwelche Probleme gibt, die er mit

mir besprechen möchte. Andererseits suchen viele Freunde bei ihm Rat und Hilfe, manche schickt er zum Autogenen Training.

4 Ingrid lernt das Sprechen

Ingrid, 17 Jahre alt, kam mit ihrer Mutter in meine Praxis wegen Sprachschwierigkeiten. Sie konnte keinen Satz zusammenhängend sprechen, verschluckte die Silben, setzte zögernd mehrmals an, um dann schließlich mitten im Satz steckenzubleiben.
Ob das Autogene Training helfen könne, sie zum richtigen Sprechen zu bringen, war die Frage, die Ingrid und ihre Eltern stellten. Da kann man nicht sofort ja oder nein sagen. Immer ist die Kenntnis der Vorgeschichte ein wichtiger Teil der Behandlung.
Den Eltern war aufgefallen, daß die ersten Sprachschwierigkeiten im 5. Lebensjahr auftraten. Zu dieser Zeit kam das Brüderchen – der Stammhalter – auf die Welt. Sicher ist Ingrid damals aus dem Mittelpunkt des Interesses gerückt. »Vielleicht ist die auftretende Sprachschwierigkeit als Reaktion auf dieses Ereignis aufzufassen, die schließlich in einer solchen Fehlhaltung endete«, erklärte ich den Eltern, die sich schon selbst darüber Gedanken gemacht hatten.
Und eine lange Zeit des Korrigierens und Tadelns liegt hinter dem Kind: »Ingrid, sprich ordentlich und langsam. Du mußt dich zusammennehmen.« Das begann schon im Kindergarten, und viele Schuljahre hindurch lebte Ingrid unter dem Zwang, den Sprechfehler ausmerzen zu müssen. Die Eltern hatten viel unternommen: ausgehend von psychotherapeutischen Behandlungen, hatte Ingrid an Kursen für Sprach- und Sprecherziehung einzeln und in der Gruppe teilgenommen; aber ohne wesentlichen Erfolg.
Manchmal hatten die Eltern sogar den Eindruck, daß alles schlimmer wurde.

Ingrid kam jetzt in der Schule – sie war inzwischen in der Obersekunda – gut mit. Die »Klasse« als solche akzeptierte Ingrid. Sie hatte eine gute Auffassungsgabe. Darüber gaben ihre schriftlichen Arbeiten Auskunft. Als sie zu mir kam, war sie zu einer inneren Korrektur sofort bereit. Die Anerkennung ihrer Leistung, ihr persönlich guter Stand in der Klasse waren eine gute Grundlage, sie hatte dadurch eine positive Einstellung.

Es galt, ihr Selbstvertrauen noch zu stärken, ihre Hemmungen abzubauen. – Möglichkeiten, die das Autogene Training anbietet, und zwar mit individuell eingebauten Vorsätzen. Um Ingrid zu helfen, mußte ich sie kennenlernen. Und schon bald hatten wir durch gemeinsame Gespräche Vertrauen zueinander gefunden. Daraufhin baute ich Sprachübungen in das Autogene Training ein.

Was ich vorsprach, konnte Ingrid einwandfrei nachsprechen. Allein war sie zunächst nicht fähig, ihre Gedanken sprachlich fließend und fehlerfrei zu gestalten. So galt es, das Sprechen zu üben und die Sprache zu pflegen. Das aber geschieht am besten in der tiefen Entspannung, der Ruhe, die auch Ingrid im Autogenen Training erreichte.

Und zwar wählte ich in der zunächst notwendigen Einzelbehandlung den Suggestiveinstieg wie bei jüngeren Kindern. Später jedoch hatten wir Erfolg mit Bild- und Farbvorstellungen. Anschließend konnte ich Ingrid in eine Gruppe eingliedern.

Da durch die interessenmäßige Verbundenheit das

Erlernen des Autogenen Trainings leichter ist, hatte Ingrid bald Erfolg. Das Zusammengehörigkeitsgefühl, das Verstehen einer solchen Methode, bei der jeder Teilnehmer ein Ziel im Hintergrund hat, löst, entspannt und intensiviert die Übungen, so auch bei Ingrid. Sie war nach einem Vierteljahr voll geheilt. Tägliches Üben schaffte das notwendige Selbstvertrauen und führte zum sicheren Sprechen.

»Ich fühle mich wohl, ganz entspannt«, sagte sie mir spontan nach einer Übungsstunde. Die ihr gegebenen Vorsatzhilfen

»Ruhig konzentriert spreche ich mutig und frei.«

»Ich bin gesund, froh, harmonisch!«

baute sie in das Autogene Training und somit in ihr Leben ein.

Die im Autogenen Training angesprochene Atemübung, das Erlebnis der passiven Atmung, in deren Ausatmungsstrom sie – wie Schiffe – Buchstaben, Silben, Worte und folgend Sätze »strömen« ließ, machte eine Erfassung des Satzbaus spontan möglich. »Ich kann sprechen«, sagte sie.

»Ich spreche klar und deutlich.« Mit dem Vorsatz

»Ich bin froh, gesund, harmonisch«

lebt sie und freut sich ihres Lebens, in dem sie einmal als Ärztin wirken möchte.

Ingrids Gruppe pflegt noch heute Kontakte. Ein- oder auch zweimal im Jahr haben die Jugendlichen einen Gesprächsabend, an dem sie ihre Meinungen und Erfahrungen austauschen. Auch treffen sie sich gelegentlich zu Wanderungen, die als Aktivmaßnahmen das Autogene Training individuell ergänzen.

5 Monika und die Sexualität

Monika, 16 Jahre alt, litt ebenfalls unter Sprechhemmungen. Immer versagte ihr im entscheidenden Augenblick die Sprache, und zwar dann, wenn sie etwas vortragen mußte, und auch dann, wenn sie begeistert etwas erzählen wollte. Die Wortansätze, vor allen Dingen Wortbildungen, die mit dem Buchstaben »h« anfingen, schaffte sie dann nur stockend. Darunter litt sie und zog sich zurück.
Folge: die Noten in der Schule wurden schlechter. Sie konnte sich nur »schriftlich« in der Schule über Wasser halten.
»Monika hat normal gesprochen bis zu ihrem 8. Lebensjahr«, sagte die Mutter. Keiner wußte, warum sich das geändert hatte. Doch kam mir – eigentlich intuitiv – der Verdacht eines Zusammenhangs mit der Sexualität, vielleicht weil Monika – ein sehr hübsches Mädchen – sehr »verklemmt« erschien. Im Alter der beginnenden Reife – der Vorpubertät – kommt es oft zu Entwicklungskrisen. Doktorspiele, erste sexuelle Begegnungen, damit verbundene Intimitäten bestimmen oft die Haltung im Leben. Und bei Monika hatten sexuelle Erlebnisse Angst und Schuldgefühle ausgelöst. Sie hatte – wie sie mir später anvertraute – ein starkes Triebleben und sexuelle Not. Und so kam es nach Einsetzen der Periode während der Entwicklungszeit zu Krisen, die wahrscheinlich als Hemmungen im Sprachbereich zum Ausdruck kamen. Die später folgenden Enttäuschungen wirkten sich auf den Gesamtzustand der Persönlichkeit aus. Ich erkannte diese Zusammenhänge, als ich mich mit Monika bei einem längeren Spaziergang unterhielt.

Es galt nun, ihr über die Hemmungen hinwegzuhelfen, das Bewußtsein des Sprechvermögens aufzubauen, zu pflegen und dies im Autogenen Training zu fixieren. Monika wurde bald ruhiger, sicherer und konnte sich dadurch auf richtiges Sprechen konzentrieren. In der Gruppe genoß sie sichtlich den suggestiven Einstieg (das Vorsprechen) ins Autogene Training und war dann in der Lage, durch ständiges Training zu Hause – verbunden mit Sprach- und Sprechübungen – die eingeschlichenen, festgesetzten Sprechhemmungen abzubauen. Sie bekam ihre klaren Vorsatzhilfen, die sie im Autogenen Training einbaute.

»Ich spreche klar und deutlich«, war ein solcher fester Vorsatz. Monika wurde bald ruhiger. Entscheidend waren für sie auch die Atemübungen. Gerade die Ausatmung war für richtiges Sprechen eine Erleichterung. Im Atemstrom der Ausatmung sprach sie ruhig, und dieses ruhige Sprechen wurde untermauert mit der Formel: »Es atmet mich.«

Das war eine entscheidende Hilfe. Das stärkte ihr Selbstbewußtsein, damit aber kam auch die Lebensfreude zum Ausdruck.

»Ich bin gesund!« –
»Es atmet mich!« –
»Ich spreche klar und deutlich!« –
»Es atmet mich!« –

Diese Sätze waren für sie maßgebend und – konzentrativ in die Übungen des Autogenen Trainings eingebaut – die richtige Hilfe. Sie stand bald über der Situation und wurde zusehends im Sprechen sicherer.

Das trug sehr zu ihrer Persönlichkeitsreifung bei. Eines Tages stellte die »Klasse« fest, daß sie gut sprechen könne. Und sie erzählte von den Übungen des Autogenen Trainings, die später ein Großteil ihrer Klassenkameraden bei mir erlernte.

6 Peter der Mürrische

Peter, 17 Jahre alt, kam wegen Kontaktschwäche zum Autogenen Training. Seine Lehrer rätselten: »Was ist nur mit dem Jungen los? Es ist nichts aus ihm herauszuholen.«

Und so saß Peter vor Beginn des Autogenen Trainings in meiner Praxis, einseitig und stockend floß unsere Unterhaltung. Er antwortete leise und zögernd auf meine Fragen. »Ist das nötig?« diese Frage stand von ihm aus unausgesprochen im Raum. Er könne sich das Autogene Training ja mal anschauen, aber Lust zu reden habe er keine, äußerte er mürrisch.

Und ich ließ ihn in Ruhe. Nach 4 Wochen erst konnte ich mir ein Bild von seinem Leben machen. Mosaikmäßig ergaben sich die Zusammenhänge:

Peter litt unter schwierigen Familienverhältnissen. Seine Eltern lebten getrennt. Die jüngeren Geschwister wurden wechselweise von der Nachbarschaft, Verwandten und Großeltern betreut. Peter war Beobachter. Er entging dem Zugriff anderer Erwachsener – nicht mehr jung, aber auch noch nicht erwachsen, war er früh auf sich gestellt. Er mußte mit sich allein fertig werden. Es hieß, er sei kontaktarm, das machte ihm auch das Leben in der Schule schwer – in Wirklichkeit war er mehr ein Träumer, und er hatte niemanden, der ihn mit der Wirklichkeit konfrontierte.

Ich hatte Gelegenheit, zwei Lehrer von Peter zu sprechen, und erfuhr, daß sie eigentlich so gut wie nichts über ihn wußten. Seine Leistungen, bis auf Mathematik, waren trotz der vorhandenen Intelligenz an der unteren Grenze. Er brauchte immer eine lange Anlaufzeit,

verpaßte dadurch oft gute Noten, die er hätte haben können. Er wollte Medizin studieren und versuchte, seine Leistungen anzuheben. Was er mit dem Autogenen Training erreichen wollte, war – mit seinen Worten –, »innere Ruhe und schnelle Konzentrationsfähigkeit zu haben«.
Nach einiger Zeit begann er, »aus sich herauszugehen«. Er wurde mitteilsamer und fing an, im Unterricht Fragen zu stellen. Georg, der neben ihm saß und mit dem er auf eine gewisse Distanz hin bisher eine Art Freundschaft pflegte, war erstaunt über Peters Wandlung, die auch in der Schule registriert wurde. Im Verlauf eines halben Jahres war Peter wesentlich aufgeschlossener für die Probleme des Lebens – für schulische, aber auch persönliche Fragen. Er suchte das Gespräch mit seiner Mutter und führte auf diese Weise eine Art Entspannung in der ehelichen Situation seiner Eltern herbei, die wieder zusammenfanden.
Mich hat dieser Fall besonders nachdenklich gemacht, da ich während des Autogenen Trainings erleben konnte, wie Peter seine innere Freiheit gewann. Damit wuchsen Mut und Selbstvertrauen, was letztlich für seine Haltung entscheidend war.
Hier ist die charakterbildende Möglichkeit des Autogenen Trainings erkennbar, die zur Heranreifung der Persönlichkeit beitrug. Denn Peter, der auch am Kursus für Fortgeschrittene teilnahm und von mir 3 Jahre lang beobachtet werden konnte, entwickelte seine in ihm liegenden Fähigkeiten positiv. Aus dem kontaktarmen Jungen wurde ein lebensbewußter junger Mann,

der – allerdings mit Glück im Losverfahren – nach dem Abitur einen Studienplatz in Medizin bekam und so dem Ziel, einmal Arzt zu sein, entgegenstrebt.

7 Rolf und die Krankheit

Rolf, 17 Jahre alt, machte einen nervösen Eindruck. »Ich bin verzweifelt, ich kann mich einfach nicht konzentrieren«, sagte er. Als Rolf erst einmal anfing zu reden – ich hatte ihn wie viele Teilnehmer einzeln zu einer einführenden Aussprache bestellt –, wußte ich nach wenigen Minuten, daß ich es mit einem labilen jungen Menschen zu tun hatte, der nicht wußte, wo er hingehörte, geschweige denn Zielvorstellungen besaß. Er »hielt sich an seiner Zigarette fest« und meinte gleichzeitig, daß er sich das Rauchen abgewöhnen wollte – er wisse nur nicht, wie. Dieser Wunsch und seine Unfähigkeit, sich zu konzentrieren, führten ihn zum Autogenen Training. Dabei sagte er: »Ich bin einfach übernervös, manchmal auch so gereizt, daß ich jeden anbrülle. Das gibt zu Hause Ärger. Und in der Schule geht jede Arbeit daneben, auch wenn ich noch so viel gelernt habe. Zu Hause weiß ich noch alles – in der Schule ist es weg, einfach weg. Die Lehrer meinen, ich sei faul. Keiner glaubt, daß ich wirklich arbeite. Die Einstellung mir selbst gegenüber ist von vornherein negativ. Selbst wenn ich etwas weiß, merkt es keiner. Man sagt, ich sei aggressiv.«
Dies berichtete er stockend, er war sehr aufgeregt. Und als ich seinen Puls fühlte, merkte ich, daß seine Hände kalt und feucht waren.
Sein Blick war unstet. Auf meine Frage, warum er keinen Sport treibe, meinte er leichthin: »Dazu bin ich nicht geeignet. Ich bin außerdem vom Sport befreit, mein Herz ist nicht in Ordnung«, eine Aussage, die bei späterer Nachprüfung nur die Angst vor einer Krankheit, nicht

aber erwiesene Tatsachen wiedergab. Rolf benutzte jede sich ihm nur bietende Möglichkeit, in die Krankheit zu flüchten, um so seine Angst vor dem Versagen zu tarnen. Er schlief außerdem unruhig, war morgens nicht erholt und damit nicht leistungsfähig.
Seine bange Frage war: »Meinen Sie, daß das Autogene Training mir helfen kann?« wozu ich erfahrungsgemäß in diesem Fall ja sagen konnte.
Und bei der zweiten Besprechung erfuhr ich noch viel mehr, da kannten wir uns schon – Rolf und ich. Und er packte seinen seelischen Rucksack aus.
Vater und Mutter lebten zwar noch zusammen, verstanden sich aber nicht mehr. Die beiden älteren Geschwister waren schon aus dem Haus und verheiratet. Die Mutter war wieder in ihrem alten Beruf als Lehrerin tätig. Sie hatte außerdem so viele Nebenbeschäftigungen, daß keine Zeit mehr für ihn blieb. »Außerdem kann ich mit meiner Mutter nicht sprechen«, erklärte er. Ich hatte den Eindruck, daß es Rolf sehr an Zuwendung, Liebe – oder einfach ausgedrückt –, an Nestwärme mangelte. Der Umgang mit anderen Jugendlichen, die wie er ohne Zuwendung lebten, Diskotheken besuchten, gelegentlich Haschisch rauchten, zog ihn auf eine andere, noch für ihn fremde, gefährliche Bahn. Und er sprach das aus: »Wenn das so weitergeht, mache ich irgend etwas, ich weiß noch nicht, was!« Unentschlossenheit und Trauer waren deutlich zu spüren.
Dies war nur der Anfang einer langen Kette von Gesprächen, die zunächst einzeln, später teilweise in der Gruppe geführt wurden.

Das Autogene Training fordert in seiner Lernphase zwischenzeitlich Auseinandersetzungen auf verschiedenen Ebenen heraus, vor allem in der 2. Stufe – dem Autogenen Training für Fortgeschrittene. Mit den Bausteinen der Unterstufe vertraut, läßt sich jetzt durch gezielte Vorsatzhilfen, durch konzentrative Vorstellungen und Einstellungen, meistens – und zwar individuell verschieden – ein Weg finden. Damit aber steht der Übende am Anfang des Weges zu sich selbst, der zwar beschwerlich, aber lohnend ist.

Und Rolf fand diesen Weg. Nicht, daß es so einfach war. Er mußte hart an sich arbeiten, immer wieder neu beginnen, sich selbst konzentrativ mit einer Formel einzustellen, die ihn einwies.

Oft verzweifelte er und meinte, er würde es nie schaffen. In der Unterstufe dauerte es lange, bis er über die Schwere- und Wärmeübung hinauskam.

Sein Herz wäre unruhiger denn je, beklagte er sich, und es dauerte eine Weile, bis er vegetativ sein nervös reagierendes Herz beeinflussen, es beruhigen konnte, auch bis seine nervöse Kreislaufreaktion – das Rotwerden bei jeder Gelegenheit – verschwand. Aber dann faßte er Zutrauen zu der Methode, die es ihm möglich machte, in seine »vegetative Dystonie« einzugreifen. Diese Diagnose war anläßlich einer Untersuchung bei ihm festgestellt worden. Einerseits erleichtert, daß er nichts hatte, fühlte er sich doch gestört, ja krank und war nicht leistungsfähig. Dieses Problem als erstes zu lösen, den Erfolg zu spüren, machte ihn sicherer, stärkte sein Vertrauen, und so ging er den einmal vorgezeichneten Weg weiter.

»Ich merke wirklich, daß es was nützt«, sagte er eines Tages in der Gruppe. »Meine Mutter meint, ich hätte mich verändert, ich wäre ruhiger geworden.«
Und der Klassenlehrer, den ich in diesem Fall kannte, der auch die Wirkung des Autogenen Trainings an sich selbst erlebt hatte, sagte mir: »Rolf ist nicht nur ruhiger geworden, er ist auch viel freier, er traut sich selbst etwas zu. Und er arbeitet jetzt ganz anders!«
Die stetige Weiterentwicklung von Rolf, die Vorbereitung zum Abitur geschah jetzt mit dem Autogenen Training. In der Gruppe äußerte er jetzt frei und ohne Hemmung seine Meinung, was im ganzen gesehen ein sehr positiver Akzent für die Gruppenarbeit war. Und als er eines Tages erklärte: »Jetzt rauche ich nicht mehr!« wunderte sich keiner darüber.
Er wußte wie jeder andere, daß diese Methode keine Religionsform, keine Weltanschauung, auch kein Wunder, geschweige denn eine Sensation war, aber er hatte erkannt, daß sie als konzentrative Entspannung im seelisch-geistigen und im körperlichen Bereich alle Kräfte zu wecken imstande ist, mit deren Einsatz es sich besser lebt.
Heute studiert Rolf Jura und bereitet sich auf sein Examen vor. Er ist zuversichtlich und sicher, daß er es schafft.

Es, das Examen und *ES,* das Leben!

8 Theo ist dagegen

Nicht alle Mädchen und Jungen können einen solchen Erfolg verzeichnen, jedoch habe ich beobachtet, daß gerade die Jugendlichen mit schweren Nöten bei ernster konzentrierter Hinwendung zum Autogenen Training eine echte Lebenshilfe erfahren. Das konnte ich auch bei Theo beobachten.
Theo war das, was man aggressiv nennt. Er war grundsätzlich gegen alles, was andere taten oder ihm sagten. Er war auf der ganzen Linie Auflehnung und Haß gegen die Schule. Alles war dort falsch, nur er hatte recht. Er wurde seiner Meinung nach nicht verstanden, er wurde ungerecht behandelt. Er sah sich »zur Schule verurteilt«.
Dabei war gerade seine Schule hervorragend. Junge Lehrer, modern, aufgeschlossen, versuchten, den Schülern das Lernen zur Freude zu machen. Die nicht zu großen Klassen waren Arbeitsgemeinschaften, die viel Interessantes brachten. Man verlangte eigenständiges Arbeiten, Denken und Formen. Ich erfuhr das alles von begeisterten Schülern und auch von Lehrern dieser Schule.
Theo war einfach dagegen! Noch nicht reif genug, die ihm gebotenen Hilfen seiner Schule anzunehmen, verbarg er sich hinter dem Widerstand. »Das Autogene Training will ich einfach nur kennenlernen«, sagte er, hielt es aber von vornherein für Unsinn.
Das nahm ich ihm nicht ab. Vordergründig sah es so aus, als ob ihn das Autogene Training nicht interessiere, in Wirklichkeit – und das gab er nach einem Monat zu – hoffte er irgendwie auf eine Hilfe, um seine Aufgaben, ja mehr noch, sein Leben zu bewältigen.

Als ich Theo kennenlernte, war er sehr jähzornig. Er war regelrecht von Zerstörungswut besessen, warf zu Hause einfach Gegenstände, auch oft Stühle gegen die Wand. In der Schule störte er durch Lärmen den Unterricht. Er war stets »dagegen«, was es auch immer war. Er schoß immer quer und war ein ungern gesehener Schüler.
Der Vater – durch einen Unfall Frührentner – war ihm keine Stütze. Die Mutter hatte mit ihren 5 Kindern so viel Arbeit, daß sie froh war, wenn sie den Tag geschafft hatte. Sie hatte wenig Zeit und auch nicht das richtige Verhältnis zu Theo. Er war das Problemkind.
Wie konnte er zu einer inneren Ordnung kommen? Theo selbst strebte das in seinem Innern an, ohne dies ausdrücken und zugeben zu können.
Das Autogene Training war hier für die Persönlichkeitsreifung wesentlich, ich möchte sagen, von entscheidender Bedeutung. Theo war von vornherein der Umwelt mit ihrer Reizüberflutung nicht gewachsen, sie stellte für ihn eine starke Belastung dar. Auch war er in dieser Zeit der Reifung im Grunde genommen zu viel allein. Er brauchte einen Partner, eine gute Freundschaft. Die aber verbaute er sich durch sein lautes, aggressives Wesen. Und nun suchte er nach einem Ausweg. Die Aggressionen waren für Theo sogenannte Ventilreaktionen, bei denen er »Dampf abließ«. Er war einsam und enttäuscht. Um dies zu verbergen, reagierte er auf die Forderungen der Umwelt mit einer übersteuerten Aggressivität, die Lern- und Konzentrationsschwäche nach sich zog, also eine Fehl-

haltung, die schon fast zur Neurose wurde. In dieser Situation befand er sich, als er mir bei den ersten Gesprächen zum Autogenen Training gegenübersaß. Theo lernte das Autogene Training sogar überraschend schnell. Es war für alle beglückend, seine Wandlung zum Guten zu beobachten. Es kam so etwas wie Lebensfreude auf. »Daß er sich mal so ändern würde, hätte keiner von uns gedacht«, sagte sein Klassenlehrer.
Es kamen hier viele Faktoren zusammen, die Theo auf den richtigen Weg führten:
Einmal führte das Gespräch – einzeln und später in der Gruppe – zur Klärung seiner Situation und damit zur Entlastung und Entspannung. Endlich machte er sich frei von der seelischen Bürde, der fast nicht mehr zu tragenden Belastung, entscheidend vollzog sich durch die Ruhefindung im Autogenen Training – auf einer Insel der Besinnung und Sammlung – eine Wandlung.

9 Annette hat Angst

Annette war nervös. »Ich bin stets aufgeregt und ein reines Nervenbündel, bei jeder Klassenarbeit gerate ich aus dem Häuschen.« Annette konnte sich einfach nicht konzentrieren. An Tagen, an denen Klassenarbeiten geschrieben werden mußten, begann der Morgen schon mit Erbrechen! Vor lauter Angst konnte sie dann nichts essen, »keinen Bissen herunterbringen«, das Herz schlug heftig, im Hals hatte sie einen Kloß sitzen, den sie nicht herunterschlucken konnte, und im Gesicht zeigten sich rote Flecken.

So quälte sie sich durch die Schule.

Ihre Eltern – sie war das einzige Kind – verlangten aus Prestige- und beruflichen Gründen das Abitur.

Zu Hause spielten sich aufgeregte und ärgerliche Szenen ab, die sich bei schlechten Zeugnissen noch verstärkten. »Ich lebe gar nicht mehr, ich bin so nervös und habe deshalb Angst vor der Schule!« kommentierte Annette. Weil sie so nervös und unruhig war, wachte sie nachts mehrmals auf. »Ich drehe mich nur im Kreise«, sagte sie und fing bei unserer ersten Besprechung an zu weinen.

Ich führte sie über den Suggestionseinstieg in das Autogene Training ein. Von Anfang an gab ich ihr auf, mit dem Vorsatz

Ich bin und bleibe ruhig

zu leben.

Schon nach den ersten beiden Übungsstunden hatte sie erfaßt, worum es ging. Sie übte ernsthaft. Nach 4 Wochen merkten die Gruppenteilnehmer, aber auch ihre Lehrer in der Schule, bereits, daß sich bei Annette etwas änderte. Sie wurde wirklich ruhiger. Sie »drehte« nicht mehr im entscheidenden Moment vor lauter Nervosität »durch« wie sonst, sondern schaltete ab und um auf die Ruhe. Dadurch war sie fähig, einen klaren Kopf zu behalten und über der Situation zu stehen. Auch konnte sie sich jetzt konzentrieren. Die ersten Erfolge machten Annette froh. Sie wurde mutig, gewann an Sicherheit und war jetzt ausgeglichen. Sie ließ sich nicht mehr so leicht aus der Ruhe bringen.

Dieser Prozeß der Beruhigung vollzog sich allmählich, aber stetig. Annette wurde sicher und unabhängig. Da nun auch die Angst vor der Schule abgelegt und überwunden war, bereiteten ihr die Arbeiten keine solche Mühe mehr. Ihre Leistungen wurden besser.

»Ruhig konzentriere ich mich.
Mein Herz schlägt ruhig und gleichmäßig,
kräftig und regelmäßig.
Ich bin gesund und froh.«

Das waren die Vorsätze, die sich Annette einprägte. Das war ihr Programm, das in der Tiefe der Entspannung in das Autogene Training eingebaut wurde und seine Wirkung entfaltete.

10 Vater war der Beste

Frank, 15 Jahre alt, litt viel unter Kopfschmerzen. Seit dem 10. Lebensjahr hatte er eine sogenannte Migräne, und sie war therapieresistent. Nichts half – die Kopfschmerzen kamen und gingen in unregelmäßigen Intervallen. Auch die Dauer und Stärke waren verschieden, mal waren die Kopfschmerzen so heftig, daß Frank den ganzen Tag liegen mußte und nicht in die Schule gehen konnte, ein anderes Mal ließen sie sich mit Tabletten ertragen. Doch auch erprobte Tabletten halfen nicht immer, und so kam es, daß dieser Junge schon viele Schmerztabletten und ihre Wirkung kannte.

Frank war seit 4 Jahren in ständiger klinischer Behandlung, ohne wesentliche Hilfen zu erfahren. Auch die Ärzte waren ratlos, bis dann der behandelnde Arzt meinte, man könne es ja mal mit dem Autogenen Training versuchen.

Die Ursachen kannte man nicht. Viele Untersuchungen waren vorausgegangen – weder Kopf, Gehirn, noch Nase, Rachen- oder Gaumenmandeln waren krank, ebensowenig die Nebenhöhlen. Drüsen, Wirbelsäule, Magen-Darm-Trakt, Leber, andere Bauchorgane und das Blut waren untersucht worden. Ich zähle dies nur auf, um einmal anzudeuten, wieviel verschiedene Ursachen für Kopfschmerzen in Frage kommen können.

Auch aus psychologischer Sicht waren alle Nachforschungen ergebnislos verlaufen – Elternhaus intakt, gutes Verständnis unter den 5 Brüdern, er war der älteste –, alles schien in Ordnung.

In den Ferien hatte der Junge allerdings weniger Kopfschmerzen – aber sie blieben nicht aus. Ob allein oder

in der Familie, bei Freunden oder beim Sporturlaub, immer traten Kopfschmerzen auf – man stand vor einem Rätsel. Und daß Frank simulierte, hielten alle für ausgeschlossen, ich auch; denn man sah es ihm von weitem an, wenn er seine Kopfschmerzen hatte.
Und so saß er eines Tages in meinem Sprechzimmer. Ich ließ mir in Kürze alles berichten, von der Mutter, vom Patienten selbst. Sie wollten es wenigstens – nach Rat eines Arztes – nun einmal mit dem Autogenen Training versuchen.
Ich weiß noch wie heute, daß mir bei der ersten Beratung und Besprechung viele Gedanken durch den Kopf gingen. Ich wünschte inständig, daß ich Frank helfen könnte. Frank, ein intelligenter Junge, hörte mir aufmerksam zu, als ich den Behandlungsplan entwickelte. »Ich brauche dich zur Mithilfe, Frank«, sagte ich und versuchte, ihm zu erklären, daß man über ein bestimmtes Nervensystem – das vegetative Nervensystem – alle Organe im Körper erreichen könne, manchmal noch besser als mit Medikamenten, »und dieses Nervensystem müssen wir beauftragen, den Kopf zu beeinflussen.« Auch sagte ich ihm, daß es doch irgendwo eine Ursache für seine Kopfschmerzen geben müsse, die wir nur noch nicht kannten. Ich bat ihn um sein Vertrauen, ohne dies könne ich gar nichts tun. Ich erklärte ihm auch, daß er selbst die Kraft in sich hätte, damit fertig zu werden – wir müßten sie nur ansprechen und einsetzen, eine Aufforderung, die uns vom Autogenen Training her von vornherein gegeben ist.
In der zweiten Stunde begann ich mit der Behandlung –

in diesem Fall mit dem Suggestiveinstieg* als Weg zum Autogenen Training wie bei jüngeren Kindern. Diese Suggestion (die zwischen Hypnose und Autogenem Training liegt und Ähnlichkeit mit der gestuften Aktivhypnose des bekannten Mainzer Hypnosearztes Prof. Langen hat) lief mit der »Übungsleine« des Autogenen Trainings ab und wurde von Mal zu Mal intensiviert. In einer Art Tieftauchphase ziehe ich eine Schublade im Unterbewußtsein in einer bestimmten Schicht auf. Bei jeder Sitzung legte ich die Vorsatzhilfe als »Programm« hinein und machte dann die Schublade wieder zu. Bei Frank arbeitete ich unter Zuhilfenahme von Bildern, Farben, Phantasien, Träumen, um den Einstieg in das Autogene Training zu ebnen.
Frank war während der vierten Behandlung – er war inzwischen ruhiger geworden, und die Kopfschmerzen traten nicht mehr so stark auf – sehr gesprächig. Wir unterhielten uns, ohne ein bestimmtes Gesprächsziel im Auge zu haben. Und da erkannte ich plötzlich in einem Satz einen Zusammenhang, eine mögliche Ursache für die Migräneanfälle.
»Mein Vater war früher der beste Schüler«, sagte Frank u. a., »er erwartet auch von mir eine gute Leistung in der Schule.«
Frank fühlte sich also verpflichtet, auch der Beste zu sein. Das war der Druck, den er immer hatte, ohne daß er darum wußte. So konnte er nie wirklich frei sein.

* wird in Kapitel »Die Ruheeinstellung« näher erläutert

Er als ältestes Kind hatte die Vorstellungen seines Vaters in sich verankert, auch der Beste sein zu müssen. Bei dem Gespräch kam heraus, daß er ständig in der Angst lebte, den Vater zu enttäuschen. So wurde jede Klassenarbeit zu einem Problem, zu einem Bumerang, der sich vor und nach der Arbeit als Kopfschmerzen auswirkte. Jedenfalls erklärte ich Frank meine Überlegungen und sprach auch mit den Eltern über diese möglichen Zusammenhänge. Da in den Ferien die Kopfschmerzen schwächer erschienen – sozusagen drohend im Hintergrund – waren die Beziehungen der Kette Schule-Leistung-Elternhaus-Angst-Kopfschmerzen zu erkennen.
Nach diesen Gesprächen verschwanden die Kopfschmerzen – die folgenden beiden Behandlungen brauchten wir noch zur Festigung. Frank lernte jetzt in der Gruppengemeinschaft das Autogene Training.

Das Autogene Training hatte ihm – durch unsere Gespräche ergänzt – Klarheit gebracht, die Ursachen erkennen lassen. Damit wurde mit Hilfe der Eltern und des sehr überraschten Vaters die Verpflichtung, die schwerwiegende Last, immer mehr und mehr abgebaut. Darüber hinaus begann er nun, seine eigenen Fähigkeiten zu erkennen, und war voller Mut, frei seine Leistung zu erbringen. Eine schlechtere Note regte ihn im Gegensatz zu früher nicht auf, im ganzen wurden die ohnehin guten Leistungen noch besser. Frank ging gern in die Schule, arbeitete mit Freude und bestätigte uns allen oft im Gruppentraining, wie froh er jetzt sei.

Ich bin sicher, daß Frank seinen Weg im Leben finden wird. Das Autogene Training war ihm in seiner Konzeption mit dem Suggestiveinstieg und den ergänzenden Gesprächen eine Hilfe geworden.

11 Helmut und das Internat

Helmut war Internatsschüler und befand sich in der Unterprima. Vor dem Abitur hatte er nicht soviel Angst wie vor der Zeit danach. Er war gern in dieser Schule, in der die Schüler eine feste Gemeinschaft formten. Man legte viel Wert auf die musischen Fächer. Außerdem wurde viel gewandert. Man konnte segeln und reiten, je nachdem, was man am liebsten machte. Finanziell lagen zu Hause keinerlei Schwierigkeiten vor. Helmut kam in seinen Ferien zu mir, zunächst einfach nur, um zu erfahren, was man mit dem Autogenen Training alles besser machen könne. Er gab sich sehr sicher und selbstbewußt.

Nachdem wir uns etwas näher kennengelernt hatten, erfuhr ich, daß er viel lieber zu Hause geblieben wäre, wenn nur seine Eltern Zeit für ihn gehabt hätten. Aber das große Geschäft mit allen Verpflichtungen machte ein wirkliches Familienleben unmöglich. Jahrelang tauchten immer wieder neue Haushaltshilfen auf, die sich auch um die Kinder kümmern sollten. Aber Helmut und seine Schwester Edith konnten sich nicht daran gewöhnen. So kamen sie beide ins Internat. Die Eltern hatten das Gefühl, damit das Beste zu tun.

Helmut aber schlug sich mit Problemen herum, die er nicht allein lösen konnte. Eine innere Angst vor allem Neuen »engte ihn ein«, wie er selbst sagte. So sicher, wie er auch aussah, so wenig traute er sich zu. In seinem Innern war er einsam, schutz- und liebebedürftig, wollte das aber nicht zugeben. So geschah es, daß er sich in Ersatzhandlungen flüchtete. Heimlich war er ein Raucher geworden, auch trank er heimlich »mal einen

Schnaps, weil mich das belebt«. Im Internat war es noch nicht aufgefallen.
Im familiären Bereich gab es für ihn außerdem noch manche wunden Punkte. Seinen leiblichen Vater kannte er nicht. Seine Schwester – 4 Jahre jünger als er – war vorgezogen worden, überall bewundert als die Prinzessin der Familie, auch bestaunt wegen ihrer sportlichen Fähigkeiten.
Das ärgerte ihn.
So kam es trotz aller äußeren Ordnung des Internatslebens zu inneren Spannungen, die Helmut in der Pubertät nicht so ohne weiteres überwinden konnte. Das äußerte sich in der Hauptsache im sexuellen Bereich. Eines Tages war er sehr gestört und aggressiv. »Am liebsten würde ich Gegenstände durch die Scheiben werfen«, erklärte er, »aber im letzten Augenblick halte ich mich zurück.«
In Ergänzung einiger Einzelbehandlungen fing Helmut an, das Autogene Training zu erlernen. Nach der 3. Stunde – der Bauch- und Sonnengeflechtsübung – bat mich Helmut um eine Unterredung, und dabei kam dann auch alles heraus.
Er war im Internat in einen Kreis von Jungen mit homosexuellen Neigungen geraten. Die Konfrontation mit diesem Sexualproblem und ihre Auswirkungen brachten Helmut völlig durcheinander. Als er mir erst einmal folgerichtig die Entwicklung dazu berichtet hatte und ich seine innere Not wahrnahm, konnte ich ihm klarmachen, daß das Autogene Training zwar direkt keine Hilfe sein kann, wohl aber indirekt. »Aus der Einsicht

heraus, dem intensiven Streben nach einer guten Lösung, bist du fähig«, so erklärte ich Helmut, »deine Kräfte zu aktivieren und sie so einzusetzen, daß du dich aus der Verspannung, aus der sexuellen Not und aus den Ängsten lösen kannst.« Die Angst vor dem Leben und die Angst vor dem Versagen hatten Helmut in diesen Kreis hineingetrieben.
Helmut suchte Hilfe in einem Bereich, der ihn nur noch unsicherer, noch ängstlicher machte. Er konnte nicht das sein, was er wollte. Er konnte nicht wahrhaftig leben. Er hatte viel zu verbergen und fühlte sich unglücklich. Als ich das alles erfahren hatte, vermochte ich für Helmut in ergänzenden Einzelbesprechungen zum Autogenen Training in der Gruppe spezifische Hilfen zu entwickeln. Er war während der großen Ferien insgesamt 7 Wochen in meiner Betreuung. Als er wieder in das Internat fuhr, war er überzeugt, daß er mit Einsatz des Autogenen Trainings – das heißt mit den speziell formulierten Vorsatzhilfen – seinen richtigen Weg fände und froh leben könne. Und dies gelang auch. Helmut hielt Kontakt mit mir, und wir telefonierten oft miteinander. Ich half ihm, seine konzentrative Einstellung zu festigen. Er arbeitete so sehr an sich selbst, daß er ohne Rückfall das Abitur im Internat machte.

12 Friedrich und seine Eltern

Friedrich sah sich in meinem Sprechzimmer um. »Es darf niemand hören, was ich Ihnen jetzt sage«, erklärte er. Und dann kam eine Pause. Ich wartete. »Meine Mutter...«, und endlich sprach er weiter, »wird von meinem Vater geschlagen. Ich habe es gesehen und gehört, aber meine Eltern wissen es nicht. Und abends, wenn sie denken, daß ich schlafe, höre ich den Krach. Sie schreien sich an, und ich habe dann Angst!«
Dann liefen dem 15jährigen Jungen die Tränen übers Gesicht. Wie lange das schon so war, das wußte er nicht. Jedenfalls war das mit der Schule nichts mehr. Er selbst bekam jeden Tag seine Ohrfeigen. Die Mutter weinte viel, sprach aber nicht mit ihm. In der Schule wollte und konnte er nichts sagen. Friedrich war durcheinander. Um hier den Einstieg in das Autogene Training zu ermöglichen, es wirksam werden zu lassen, brauchten wir Hilfe von zu Hause. So einfach war das nicht. Denn die Eltern mit den Aussagen ihres Sohnes zu konfrontieren, war unmöglich. Jedoch ließ ich sie kommen – einzeln, Vater und Mutter für sich –, und dann fragte ich sie nach möglichen Schockerlebnissen des Jungen, der nervös und schlafgestört war. Während der Vater schwieg, fast gar nicht reagierte, weinte die Mutter still vor sich hin, gab mir aber auch keine Auskunft. Erst als ich nach den Familienverhältnissen fragte, nach den beiden jüngeren Geschwistern von Friedrich, nach ihrer Ehe, gab sie zu, daß zu Hause nicht alles in Ordnung sei. Aber darüber wolle sie nicht sprechen. Und ich wartete einfach. Der Junge, der wußte, daß ich geschwiegen hatte, sprach sich öfter aus, und sein Zustand besserte

sich. Er wurde ruhiger. Als die Mutter jedoch operiert werden mußte, wurde der Junge von einer großen Angst gepackt. Und jetzt erschien plötzlich der Vater, um sich auszusprechen. Dabei kam dann auch alles heraus. Er war alkoholkrank, und dies sollte der Umwelt verborgen bleiben.
Seine Frau ertrug alles, seine Aggressionen, die Gewalttätigkeit, das Schreien, und jetzt weinte er, der Ehemann. Es nahm dann alles seinen Gang. Dem Vater konnte geholfen werden. Heute trinkt er – und dies seit Jahren – keinen Tropfen Alkohol mehr.
Wie sehr das Leben eines heranwachsenden Jungen jedoch gefährdet war, versteht jeder, der solche Umstände kennt. Und ich bin glücklich, daß dieser Junge mit dem Autogenen Training eine Hilfe bekam.
Wie viele Schwierigkeiten, Ehekonflikte in das Leben der Kinder eingreifen, wissen alle, die mit diesen Problemen in Berührung kommen. Ich weiß, daß bei mehr als 20 % der Teilnehmer häusliche, Familien- und Eheprobleme die Entwicklung der Jugendlichen gefährden. Sie auf den Weg zu sich selbst zu bringen, sie an die eigene Verantwortung dem Leben gegenüber heranzuführen, ist eine Aufgabe, die mit dem Autogenen Training bewältigt werden kann. Das Autogene Training kann keine Erziehungsfehler ausbügeln noch einen Mangel an Nestwärme ausgleichen, aber es kann helfen, den richtigen Weg und das eigene Selbst zu finden. Das Beispiel von Friedrich zeigt, welche Bedeutung der Hintergrund – in diesem Fall der familiäre – für den Einsatz des Autogenen Trainings und seine mögliche Hilfestellung haben kann.

13 Helga und die Pille

Helga, gerade 16 Jahre alt, kam im Vorgespräch direkt zur Sache. Ihr Problem: Gegen den Willen ihrer Eltern hatte sie einen Freund, mit dem sie sich gut verstand. »Meine Eltern können ihn nicht leiden, er paßt ihnen nicht, sie haben etwas gegen die Familie, aus der er kommt, er ist ihnen nicht »vornehm« genug, der Geschäftshaushalt sei zu oberflächlich, und ich – das soll ich bedenken – wäre noch nicht mündig.«
»So können Gert und ich uns nur wenig sehen – vor und nach der Schule, gelegentlich nachmittags. Wenn ich abends spät nach Hause komme, gibt's Krach. Zum Glück habe ich in der Schule wenig Schwierigkeiten. Ich habe bisher noch keinen blauen Brief bekommen – das geht gerade alles noch gut.«
Und dann erzählte Helga ganz offen, daß sie mit Gert seit einem Jahr sexuellen Verkehr hat, sie nähme – aber das wüßte ihre Mutter nicht – die Pille, die Gert mitbrächte. »Das alles bedrückt mich nicht – ich habe kein schlechtes Gewissen – nur, und das ist das Problem, haben die »Tage« völlig ausgesetzt. Eine Schwangerschaft ist ausgeschlossen – ich wurde untersucht. Ich fühle mich schlecht, und außerdem«, und dabei zeigte sie auf ihren Bauch, ihre Hüften und ihre Oberschenkel, »bin ich jetzt fett. Ich habe schon Angst, daß Gert mich nicht mehr schön findet.«
Hier konnte ich sie beruhigen, denn Helga ist ein schönes, gesundes und – wie es schien – auch kluges Mädchen. Jetzt war sie nervös, unruhig, gehemmt. Sie hatte eine unbestimmte Angst – nicht nur wegen der Wirkung der Pille – sondern vor allem, was jetzt

auf sie zukam. Sie hatte kein Vertrauen zu ihren Eltern. Gert selbst sprach zu Hause nicht über seine Freundschaften – und keiner hätte ihn ernstgenommen. So waren die beiden jungen Menschen mit der Angst auf sich gestellt.

»Gerade äußere und innere Schwierigkeiten haben auch ihre Auswirkungen im sexuellen Bereich«, erklärte ich Helga. Sie, die meinte, über der Situation zu stehen, hatte sich selbst etwas vorgemacht – innerlich war sie noch gar nicht so weit, wie sie es vorgab zu sein. Im Verlauf des halben Jahres, in dem ich wöchentlich einmal mit dieser Gruppe zusammen war, gewann Helga die ihr bisher fehlende innere Sicherheit. Das Autogene Training als Möglichkeit der Selbstentspannung und Ruhefindung wurde Helga eine Hilfe.

Sie fand auch den Mut, in einer günstigen Stunde mit ihrer Mutter zu sprechen. Damit und mit der nun folgenden Offenheit dieser Freundschaft, die auch der Vater zu verstehen suchte, wurde ihr Leben positiv beeinflußt – und die Menstruation setzte auch ohne medikamentöse Beeinflussung wieder ein. Helga hat damit in diesen entscheidenden Umbruchjahren durch das Autogene Training ihren Weg leichter finden können.

14 Volker und die Mädchen

Volker, ein »Kasper« – so schien es – benahm sich stets albern, stand meistens im Mittelpunkt, erzielte viele Lacher durch verbale und theatralische Kunststücke und schien mit seinem Leben zufrieden zu sein. So sah man ihn von außen. Volker traf ich dann eines Tages in einer Jugendgruppe des Autogenen Trainings an einer Volksschule wieder. Ich war erstaunt, ihn zu sehen. Das kurze Gespräch brachte in wenigen Minuten seine Schwierigkeiten zum Ausdruck:
Volker, 19 Jahre alt, Oberprimaner, hatte keinen Erfolg bei Mädchen. »Was meinen Sie, warum ich soviel rede«, sagte er und stufte sich damit selbst ein. »Ich habe bisher noch nicht mal richtig geküßt, ich weiß überhaupt nicht, wie ›alles‹ vor sich gehen soll, wie ich mal zu einer Freundin komme.«
Volker hatte bisher keine Freundinnen gehabt. Er hatte Fußball gespielt. In der Schule kam er gut mit. »Bis auf die Sprachen habe ich gute Noten. Freunde habe ich nicht«, antwortete er, als ich ihn danach fragte. »Sie mögen mich nicht, ich weiß nicht, warum.« Je mehr Volker seine Lebenssituation schilderte, desto trauriger wurde er. Es war, als fiele die Tünche – die Maske – jetzt restlos ab. »Gute Ratschläge, wie ich an ein Mädchen komme, nützen mir nichts, ich kann sie nicht in die Tat umsetzen.«
Der vorübergehende Vergleich mit Papageno aus Mozarts Zauberflöte, den er selbst brachte – er war sehr musikalisch –, erheiterte uns beide.
Was war denn mit Volker? Er sah gut aus, vielleicht war er den Mädchen ein wenig zu dick; er hatte viele

Interessen, er malte auch gern, war sportlich – und je mehr wir beide nachdachten, desto weniger fanden wir eine Erklärung für seine »Lebens- und Liebespanne«, wie er sein Problem bezeichnete.
Und er saß dann mehrere Stunden unauffällig in unserer Arbeitsgemeinschaft Autogenes Training.
Bei einer Zusammenkunft mit Wanderung und Diskussion auf einer Waldlichtung kam es zwischen den 10 Gruppenteilnehmern plötzlich zu einem Gespräch über sexuelle Erlebnisse – auch die anwesenden 4 Mädchen sprachen am Rande mit. Und an diesem Nachmittag geschah – allerdings parallel laufend mit anderen Ereignissen im Familienleben von Volker – das, was man als Lösung seiner falschen Hemmungen bezeichnen kann. Es war wie bei Heinrich im Froschkönig, er hatte die Ketten, seine Hemmungen gesprengt.
Volker ging nach dem Abitur ein Jahr ins Ausland. Als er wiederkam, war er in seinem Wesen offen und natürlich.

15 Bernhard und die Erwartungsangst

Bernhard, 22 Jahre alt, war gerade zum Medizinstudium zugelassen worden. Er hatte folgendes Problem:
Er kam mit seiner Freundin Eva, 19 Jahre alt, nicht zurecht. Es war das erste Mädchen, das Bernhard – wie er mir gestand – liebte und mit der er auch bereit sei, fürs Leben zusammenzubleiben. Aber in der letzten Zeit ginge alles schief. Das war die erste Andeutung seines Problems. Er schilderte mir die Lage: Eva wollte wie er Medizin studieren und war jetzt in einem Krankenhauspraktikum. Beide wollten zusammenziehen. Zwar wurde dieser Entschluß von beiden Elternpaaren nicht begrüßt, aber geduldet. »Aber schließlich müssen wir unser Leben leben«, meinte er und wurde immer leiser mit seiner Stimme. »Was ist denn nun wirklich los?« fragte ich nach einer Pause des Schweigens. Und da gestand er mir, daß er sexuell sehr gehemmt sei. Eva wäre das erste Mädchen, mit dem er intim zusammen wäre – aber das klappt irgendwie nicht. Und ein längeres Gespräch mit gezielten Fragen ließ erkennen, daß es sich um Orgasmusschwierigkeiten handelte. Beide, Bernhard und Eva gingen so an den Höhepunkten der Liebesfreude vorbei. Eva sei enttäuscht, gereizt, und das sei ein Vorwurf für ihn. Er verstände sich selbst nicht, denn – gesund wie er sei – müsse er doch lieben können. Auch hätte es schon gelegentlich geklappt, aber die Angst zu versagen, Eva nicht lieben zu können, würde immer größer.
»Das ahnt natürlich niemand von unseren Freunden oder gar unserer Familie, aber was soll ich tun? Ich bin durch meinen Bruder Jan, der noch in der Schule ist,

deswegen hierhergekommen, weil ich dachte, daß ich durch das Autogene Training vielleicht besser mit der Angst fertig werden würde.«
Und das traf auch ein. Als mir Bernhard noch mehr erzählt hatte und ich ihm einige Zusammenhänge aus dem Ursachenkomplex – Überwindung der Widerstände, Erwartungsspannung – klarmachen konnte, als er mir gestand, daß er durch eine antisexuelle Erziehung niemals etwas von den natürlichsten Vorgängen des Lebens erfahren hätte, und ich ihm seine Hemmungen vor Augen führen konnte, verstand er sich selbst besser. Es waren Hemmungswälle, die er durchbrechen mußte – und das geschah.
Bernhard war durch die mit Hilfe des Autogenen Trainings gewonnene Abstandsgewinnung fähig, sich selbst klar zu sehen – dadurch wuchs sein Selbstvertrauen. Gerade in solchen Situationen – in diesem Fall im Sexualbereich –, in denen auch die konzentrative Vorstellung als Wunsch- oder Traumbild der konzentrativen Einstellung vorangeht, ist die gute Wirkung, also die Aufgabe des Autogenen Trainings erfüllt. Er hatte mit der Einstellung »ich liebe Eva, ich beglücke sie« die »gespannte Entspannung« gefunden, sein Problem damit gelöst.
Im fortschreitenden Verlauf des Trainings konnte ich die innere Reifung bei Bernhard beobachten und seine damit frei werdenden Kräfte, die es ihm ermöglichten, aus seinem Gemüt sein Leben positiv zu gestalten.
Auch bei Eva, die dann ebenfalls unseren Kurs besuchte, vollzog sich eine Wandlung. Die Hilfe bei der Reifung

zur Persönlichkeit war auch hier, wie bei der Lösung anderer Probleme, wesentlich.

Nach wir vor spielen bei der Teilnahme der Jugendlichen am Autogenen Training sexuelle Probleme eine wesentliche Rolle. Nur liegen jetzt die Schwerpunkte anders. Stand früher die Angst vor einer Schwangerschaft im Vordergrund – und das habe ich in den 50iger Jahren noch bei vielen jugendlichen Teilnehmern am Autogenen Training im Alter von 16–20 Jahren beobachtet –, so ist es heute die Angst vor der Pille. Vertrage ich die Pille überhaupt? Macht sie dick? Schadet sie der Leber? Aber ein Kind will ich natürlich nicht, und meinen Freund möchte ich behalten. Angst vor der Pille, den Freund zu verlieren, wenn keine Intimbindung erfolgt, aber auch Angst vor den Eltern prägt hier die Persönlichkeitshaltung.
Die Jugendlichen sind mit beginnender Einsetzung der Sexualität sehr unsicher. Sie möchten erwachsen und frei sein, ihre Linie finden, und das ist in einer Zeit der ersten Sexualerlebnisse schwer.
Diese Zeit der Persönlichkeitsreifung beginnt bei den Mädchen mit der Menarche, d. h. zur Zeit des erstmaligen Eintritts der Periode, der Blutung, mit der das reif gewordene Ei aus dem Eierstock ausgestoßen wird. Der junge Mensch fühlt, daß er erwachsen wird, daß er sich selbst finden muß. Aggressionen werden abgebaut, neue Kontakte geschlossen, damit auch Schwierigkeiten besser bewältigt.
Neurotische Fehlhaltungen, also Entgleisungen,

kommen in jeder Form vor – dies spüren die Mädchen wie die Jungen. Gerade in dieser Phase kommen die Jugendlichen häufig zum Autogenen Training. Sie haben Fragen aller Art. Oft aber kommt der Wunsch zum Ausdruck, die Angst vor der Sexualität zu überwinden. Autoritäre Erziehung mit engen Vorschriften haben oft Hemmungswälle aufgebaut, die jetzt abgerissen werden.

Um aber wirklich frei, von innen her stark zu sein, eigenständig zu leben, muß sich der Jugendliche in den meisten Fällen von seiner Erziehung, von der Konvention lösen, um endlich das zu sein, was er ist. Frei werden in jeder Beziehung, d. h. Erfahrungen machen, sie sammeln, um dadurch den Durchbruch zu sich selbst zu finden und so zu reifen, ist in diesem Lebensabschnitt anscheinend mit dem Autogenen Training leichter.

Vor und in dieser Lebensphase – etwa um das 13. Lebensjahr herum – sind viele Mädchen schwankend, oft launisch, negativ, um nicht zu sagen pessimistisch und depressiv dem Leben gegenüber, eine Tatsache, die z. B. auch durch die in diesem Alter (13–16 Jahre) extrem hohe Selbstmordquote bei Mädchen traurig belegt wird. Hier finden wir Stimmungsschwankungen von himmelhoch jauchzend bis zu Tode betrübt. – Zu dieser Zeit braucht der junge Mensch Geborgenheit, einen Gesprächspartner, der zuhört, Schwierigkeiten verstehen, auffangen und beraten kann. Daher kommt es in diesen Phasen zu intensiven Vorgesprächen zum Autogenen Training wie zu keiner anderen Zeit.

Zu Hause will man nicht fragen, die Freundin weiß nicht genug, auch nicht der Freund – zum Hausarzt mag man nicht gehen – bei wem lade ich nur alles ab? Und ich bin es gewöhnt, daß seit vielen Jahren Fragen an mich gestellt werden. Ich versuche, die Fragen einzeln zu klären, zu beraten, zu helfen, um dann in der Gruppe mit den richtigen Vorsätzen, den sogenannten konzentrativen Hilfen, eine echte Hilfestellung zu entwickeln, wobei die Akzente dieser Vorsatzhilfen individuell verschieden sind. Ich gebe auf allgemein interessierende Fragen offen Antwort, ebenso auf Fragen nach der Wirkung der Pille, Anwendung, Verträglichkeit, Risiken, auch auf andere schwangerschaftverhütende Maßnahmen usw. . . .
Viele Jugendliche gehen heute früh, früher als noch vor 10 Jahren, Bindungen ein, die in gewisser Weise die Entwicklung der Persönlichkeit fördern. Andererseits ist bei jungen Mädchen aber die Kraft zu einer solchen Verantwortung noch nicht vorhanden, noch nicht genügend gereift. Sie brauchen also einen Halt, eine – wenn auch für sie selbst oft kaum wahrnehmbare – Anlehnung. Diese begleitenden Gespräche zum Autogenen Training stellen an den Übungsleiter weit mehr Anforderungen als die üblichen Lehrstunden. Psychologische Kenntnisse, Taktgefühl und ein Wissen, das nicht in der Theorie steckenbleibt, sind Voraussetzung für eine richtige Hilfestellung.
Sich im Alter von 18 Jahren von der Familie zu lösen, sich völlig abzunabeln, frei in den Entscheidungen zu sein, ist das Ziel der Jugendlichen. Dies fordert Kräfte, die nur wachsen, wenn man ehrlich zu sich selbst ist.

16 Dirk und das Abitur

Dirk war durch das Abitur gefallen. Nun traute er sich nichts mehr zu. Er arbeitete im folgenden Jahr wie »wahnsinnig«, verlor aber schon bei dem Gedanken an die Prüfung den Mut. Es waren nur noch 10 Wochen bis zu seiner »letzten Chance«, wie er sagte. In dieser Zeit lernte er in einer unserer Gruppen das Autogene Training. Zögernd, skeptisch, dann voller Hoffnung ging er an die Übungen heran. Das erste, was Dirk auffiel, war sein besseres Schlafen. Er konnte nun nachts störungsfrei durchschlafen. Er war vor dem Einschlafen in der Lage, abzuschalten, umzuschalten auf Ruhe, und mußte nicht immer nur an das Abitur denken. Und so baute Dirk von Mal zu Mal, von Woche zu Woche Ruhe und Konzentration in sein Leben ein. Es gelang ihm, besser zu arbeiten. »Am Autogenen Training scheint doch was dran zu sein«, so äußerte er sich im Gruppengespräch.

Das stetige Üben in Verbindung mit dem Erfolgserlebnis »stärkte« Dirk seelisch sehr. Zwar konnte er zur 6. Übung – der Kopfübung – lange Zeit keine echte Beziehung bekommen, jedoch war er, als er ins Abitur ging, ruhig, konzentriert, überlegen. Er schrieb die schriftlichen Arbeiten durchweg gut. Auch bereitete ihm die nachfolgende mündliche Prüfung keine Schwierigkeiten. Er hatte es geschafft.

Dirk bezog die Übungen des Autogenen Trainings in sein Leben ein und kommt damit auch heute gut zurecht. »Ich bin froh, daß ich das gelernt habe«, bestätigte er anläßlich einiger Rückfragen am Telefon mit der Bemerkung: »Nun wirft mich so leicht nichts mehr um!«

17 Eberhard hat Herzklopfen

Eberhard war der Sohn eines Maurermeisters. Er hatte das Abitur sehr gut gemacht und studierte im 1. Semester Betriebswirtschaft. Eberhard vertraute mir an, daß er bei der kleinsten Kleinigkeit Herzklopfen hätte, manchmal auch Magendruck. Er habe inzwischen Angst vor einem Magengeschwür. Bei einem Einzelgespräch kam heraus, daß er darüber verzweifelt war, daß sein Vater tagsüber hart arbeitete und er sich bequem zum Lernen hinsetzen sollte.

Er wußte nicht, ob das, was er tat, überhaupt richtig sei. »Übrigens, wenn ich auf dem Bau aushelfe, körperlich schwer arbeite, bin ich in Ordnung, dann fühle ich mich wohl. Sitze ich aber vor dem Schreibtisch, ist es mir, als fiele mir die Decke auf den Kopf. Dann habe ich Angst, ich bin weder froh noch frei. Vater sagt zwar, meine Ausbildung sei notwendig, denn ich soll das Geschäft übernehmen. Ich aber weiß nicht, ob ich mich richtig verhalte. Eigentlich bin ich ein Praktiker.«

Er war zwar einer von denen, die nicht krank, aber auch nicht gesund sind; er litt unter psychosomatischen Störungen. Er suchte nun eine Hilfe zur seelischen Reifung im Autogenen Training. Die Harmonie, sein körperlich-seelisches Gleichgewicht war gestört, und so fühlte er sich krank.

Durch die offene Aussprache in der Gruppe – ergänzend zum Autogenen Training – fand Eberhard mit seinem Vater selbst die Lösung. Er unterbrach sein Studium und ging 2 Jahre praktisch auf den Bau. Von Woche zu Woche wurde Eberhard ausgeglichener. Er war zufriedener und froher.

»Das Autogene Training ist eine gute Sache. Ich übe jeden Tag und lebe sehr direkt«, meinte er.
Inzwischen hat Eberhard sein Examen als Betriebswirt gemacht und ist im elterlichen Betrieb mit Erfolg und Freude tätig.

Die Protokolle dieser Jungen und Mädchen zeigen, daß sie den Wunsch hatten, besser zu lernen, sich besser zu konzentrieren und damit ihre Leistungsfähigkeit zu erhöhen.
Wie aus den Fallbeispielen hervorgeht, spielten im Hintergrund Lebensschwierigkeiten aller Art, ungelöste Konflikte eine wesentliche Rolle.
Verständlicherweise ist die Schule mit ihrem Leistungsanspruch die Hürde, an der Jugendliche, die mit inneren Konflikten zu kämpfen haben, zunächst Schwierigkeiten bekommen.

> »Ich verstehe immer alles in der Schule – zu Hause löse ich auch meine Aufgaben –, aber dann im entscheidenden Moment ist alles weg. Mir fällt dann nichts mehr ein. Ich muß einfach lernen, mich zu konzentrieren.«
> »Ich bin zu verkrampft – ich kann mich auf keinen Gedanken konzentrieren.«
> »Ich habe Angst. Ich habe Angst vor Arbeiten in der Schule – vor der Schule überhaupt, vor der Prüfung, vor den Lehrern.«
> »Ich bin unentschlossen, unsicher – ich komme in der Schule und zu Hause nicht mehr klar.«

Angst vor dem Versagen, Mangel an Selbstvertrauen, Schwierigkeiten im Familien- und Schulleben, Konflikte aller Art und Probleme, seelische und körperliche Reaktionen im Sinne der vegetativen Dystonie mit Organstörungen sind die Folge. Dabei handelt es sich nicht um Krankheiten im eigentlichen Sinn, sondern richtiger um gesundheitliche Störungen. So kamen die jungen Menschen zum Autogenen Training, damit aber auch zu einer Auseinandersetzung mit sich selbst. Die Jugendlichen erarbeiten also ihre Antwort, und ich erkläre ihnen die Möglichkeiten der Hilfestellungen durch das Autogene Training.

»Kann man etwas gegen das Rotwerden tun?«
»Bei mir reagiert das Herz, wenn ich etwas nicht bewältigen kann. Ich habe Herzklopfen, Herzschmerzen. Manchmal denke ich, ich würde ohnmächtig.«
»Bei allen möglichen Gelegenheiten bekomme ich einen Druck auf den Magen. Mir wird richtig schlecht.«
»Ich bin so nervös, deshalb habe ich oft Kopfschmerzen. Sie treten nur auf, wenn ich mich aufrege.«
»Was mache ich nur, damit ich besser schlafe? Ich bin morgens so müde, daß ich nichts leisten kann.«

Mit diesen und ähnlichen Klagen werde ich hauptsächlich konfrontiert. Diese gesundheitlichen Störungen und dieses Nachlassen der Leistungsfähigkeit haben ihre Ursachen in der Problematik von Familie und Gesellschaft, in der Problematik der Frage nach dem Sinn des Lebens, die der heranwachsende Jugendliche an sich und seine Umwelt stellt.
»Warum, wozu lebe ich eigentlich? Was ist der Sinn eines Tages, meines Tuns und meiner Wünsche?« sind die Fragen vieler Jungen und Mädchen, die ausbrechen möchten aus der wohlbehüteten Familie, dem satten Leben,

dem erdrückenden und reizlosen Zustand materieller Überfülle. Eltern und Kinder verstehen oft einander nicht mehr. Und die Erwachsenen – unfähig, Einfluß zu nehmen, unfähig, Vor- oder Leitbild zu sein – lassen sie oftmals gewähren. Die Gesellschaft wundert sich heute kaum noch über neue Wege in falsch verstandene Freiheit – nämlich in die Abhängigkeit und Wirkung von Alkohol, Nikotin oder anderen Drogen.
Was ist Existenz und ihr Wert? Geld, die feine Gesellschaft, Luxus und alles das, was man als Konsumglück bezeichnet? »Es sagt und bringt mir nichts«, äußerte Petra.
Sie und ihr Freund Oliver lebten in einer Leere und einer Gleichgültigkeit, die es schwer machten, sie anzusprechen.
Wenn es möglich wäre, mit dem Autogenen Training Probleme zu sehen, sie zu lösen, den Weg zu sich selbst zu finden, das Bewußtsein damit zu erweitern, könnte man auf Drogen verzichten. So dachten sie und wollten es noch vor der Aufgabe ihrer Persönlichkeit, vor dem »entscheidenden Schritt« ausprobieren. Sie hatten viel von dieser Methode der Selbsthypnose gehört und begegneten ihr jetzt mit vorsichtiger Hoffnung.
Mit Petra und Oliver hatte ich viele Gespräche, die während eines Kurses mit gleichaltrigen, ähnlich denkenden Schülern fortgesetzt wurden.
Für Petra wurde es ein Weg der Selbstfindung, der sie relativ schnell unabhängig und frei machte. Sie fand mit einer neuen, einer positiven Einstellung ihre Kräfte und ihr Selbstvertrauen. Sie glaubte wieder an das

Leben; nicht so ihr Freund Oliver. Er brauchte, um die Echtheit und Wahrheit einer Methode zu erkennen und sie anzuwenden, mehr Zeit – mehr als ein halbes Jahr. Mit Hilfe von Petra hat er es dann auch geschafft und ist inzwischen als Sozialpädagoge tätig.

Adelheid war auch drogenabhängig und in dieser Gruppe. Ich erriet es schnell und erhielt auch bald die Bestätigung.

Adelheid besuchte die Oberprima eines Großstadt-Gymnasiums und lebte meistens vom wirklichen Leben weit entfernt wie in einem Traum. Sie war gerade von Hasch auf harte Drogen umgestiegen, als ich sie kennenlernte. Sie hatte jetzt den Wunsch, davon loszukommen. Ihr Freund, mit dem sie zusammen die Injektionen gesetzt hatte, war an den Folgen des Drogenmißbrauchs gestorben.

Adelheid selber war auch schon im Krankenhaus wegen einer Hepatitis – einer Lebererkrankung – behandelt worden. Jetzt kam sie auf Umwegen zum Autogenen Training. Es waren viele Einzelbesprechungen notwendig, denn Adelheid, die sehr blaß, zerbrechlich, ja krank aussah, gewöhnte sich nur schwer in die Gruppengemeinschaft ein. Sie beteiligte sich zunächst nicht am Gruppengespräch. Keiner sagte jedoch etwas dazu. Adelheid wurde nach und nach in die Gruppe eingegliedert, man respektierte sie. Nach anfänglichem Widerstand war sie bereit, die erste Übung durchzuführen – zunächst sehr skeptisch –, aber dann war sie von der Wirkung selbst überrascht.

»Es geht mir wirklich viel besser, ich bin ruhiger und

auch schon manchmal froh«, sagte sie nach 3 Einzel- und 4 Gruppensitzungen – in der Zeitspanne von 4 Wochen ein Erfolg, der mich besonders freute. Adelheid lernte das Autogene Training gerade in dieser Gruppe nach und nach verstehen und übte gut. Es war für sie eine Hilfe für das Wiedereinleben in der Schule, und fast allmählich fing sie an, »sie selbst« zu sein. Wiederaufbau und Reifung ihrer Persönlichkeit waren ebenfalls gleichzeitig zu bemerken.

In welcher Form ich die Methode der konzentrativen Selbstentspannung – das Autogene Training – lehre, zeigt der folgende Überblick.

19 Die Technik der Übungen

Der Wunsch, Fehlhaltungen und Schwächen zu überwinden, damit über der Situation zu stehen, stark und leistungsfähig, gesund und harmonisch zu sein und zu bleiben, beseelte die meisten jungen Teilnehmer am Autogenen Training. Sie wollten das Autogene Training für sich entdecken, erlernen und dann richtig einsetzen. Bald auch erkannten sie, daß einem auch hier nichts einfach geschenkt werden kann, sondern daß man vielmehr intensiv lernen und an sich arbeiten muß, um den Erfolg zu erleben – sei es in der Hilfe bei Organneurosen oder seelischen Fehlhaltungen mit Schlafstörungen, Angstzuständen und Problemgeschehen oder anders gelagerten Störungen und Schwächen auf seelisch-körperlichem Gebiet.

Je genauer ich als Übungsleiter die Teilnahmegründe kenne, also über die einzelnen Bescheid weiß, um so besser kann ich später helfen, individuelle Vorsätze zu gestalten und sie mit auf den Weg zu geben.

Habe ich erst einmal die Jugendlichen richtig angesprochen und ihr Vertrauen erhalten, so kann ich auf die bangen Fragen aus ihrem Lebensbereich richtig antworten, d. h. die richtigen »konzentrativen Einstellungen« finden.

Es dauert eine Weile, bis diese wirken – und ich pflege vergleichsweise zu sagen, daß man nach Hineinlegen des Samens in die Erde auch nicht sofort das Aufblühen der Blumen erwarten kann.

Wie man daraus erkennt, hängt der Erfolg des Autogenen Trainings weitgehend von der Vorinformation – vor allem den ergänzenden Gesprächen –, also der

geschaffenen Vertrauensbasis und der folgenden gruppendynamischen Arbeit ab.
Die Einführung zum Autogenen Training gebe ich lebensnah und direkt. Ich rolle sie aus der Situation, meist erst aus dem schulischen Bereich, auf. Vom Schulalltag – dem vorherrschenden Erlebnis – hört man das Wort »Streß«. Oft lasse ich mir berichten, wie anstrengend das schulische Leben ist, wie wenig dies teilweise von Eltern und Lehrern verstanden wird. Sind die Jugendlichen zunächst noch scheu, gehemmt, so gehen sie später schnell aus sich heraus und geben ihren Kommentar, der oft schon zu einer »Entladung« der angestauten Hemmungen führt. Die Jugendlichen sind sehr darauf gespannt zu erfahren:
Was ist eigentlich Autogenes Training?
Was kann ich damit erreichen?
Wie übe ich das?
Ich stelle das Autogene Training vor als Methode der konzentrativen Selbstentspannung, mit der es zunächst gelingt, überall und jederzeit Ruhe und Erholung zu erreichen. Darüber hinaus lernt man, Organe und Organsysteme zu beeinflussen, also das aufgeregte Herz, den nervösen Magen zu beruhigen. Man kann auch den Kreislauf ansprechen, z. B. Erröten vermeiden. Und später ist man in der Lage, sich selbst zu beeinflussen, sich selbst einen Auftrag zu geben und diesen zu erfüllen. Man spricht hier von der formelhaften Vorsatzhilfe. Sie beruht auf den Erfahrungen der Hypnose, denn das Autogene Training ist eine Autosuggestion oder Selbsthypnose.

Viele Erfahrungsbeispiele aus der Praxis des Autogenen Trainings bei Jugendlichen bereiten den Boden für die Lernbereitschaft, für die Aufnahme der Übungen vor. Und wenn wir uns dann verstanden haben, mache ich die Gruppe mit der Technik des Autogenen Trainings vertraut:
Um die Übungen durchzuführen, nehmen wir eine Entspannungshaltung ein, die

Gelöste Sitzhaltung,

die sich von der Droschkenkutscherstellung ableitet – ich sitze etwas nach vorn gebeugt mit leicht gespreizten Beinen auf einem Stuhl, stelle die Füße fest auf dem Boden auf, der Kopf ist nach vorn geneigt, die Augen sind geschlossen, oder die

Sesselhaltung,

in der ich – wenn der Sessel eine Nackenlehne hat – meinen Kopf anlehnen und meine Arme auf die Lehnen auflegen kann, oder die

Liegehaltung,

in der ich flach auf dem Rücken liege, den Nacken durch ein kleines Kissen oder zusammengerolltes Handtuch gestützt, die Arme seitlich gebeugt, mit den Handflächen nach unten auf der Unterlage aufliegend.

Wir üben diese Haltungen, ich kontrolliere sie. Ich erkläre, daß wir uns in einer dieser Haltungen gewissermaßen in eine Insel der Ruhe, eine Insel der Besinnung und Sammlung versenken. Von hier aus bekommt man dann auch das vegetative Nervensystem in den Griff, das Nervensystem, von dem man lange Zeit glaubte, es nicht oder höchstens mit Medikamenten beeinflussen zu können. Ich zeige ihnen ausgewählte Tafeln mit anatomischen Schaubildern, erinnere an vegetativ ausgelöste Funktionen wie Rotwerden oder Erblassen. Dann beginne ich, das Erlebnis der Ruhe zu gestalten.

Die Ruheeinstellung oder auch die Ruheübung stellt die Einführung in das Autogene Training dar.
Ich bin vollkommen ruhig – diesen Satz spreche ich. Darauf stellen wir uns nun ein – darauf konzentriert sich der Übende.
Oft geschieht es ganz schnell, daß die Ruhe gespürt und empfunden wird. Sie wird erlebt. Manchmal ist auch das Herbeiholen eines Bildes aus den Ferien, aus der Natur eine gute Einstiegshilfe, um diese Ruhetönung zu schaffen.
Um in schwierigen Fällen mit dem Autogenen Training schneller Erfolg zu haben, ist es notwendig, die Praxis der Vorsatzhilfe schon zu Beginn des Unterstufentrainings zu üben. Hier benutze ich wie bei Kindern das Suggestivtraining, indem ich die individuell zu gebende Formel einbaue. Dabei handelt es sich um eine tief angelegte Programmierung, die – konsequent geübt – schneller zum Ziel führt. Sind die Ursachen erkannt und abgeklärt, tritt auf diese Weise oft eine Spontanheilung ein, die im weiterführenden Training gefestigt wird.
Die konzentrative mögliche Vorstellung der Ruhe den Jugendlichen nahe zu bringen, ist nun wesentlich.

Ich bin vollkommen ruhig
ruhig, gelöst, entspannt

Die Hinwendung zur Ruhe oder – wie es im Autogenen Training heißt – die konzentrative Einstellung auf die Ruhe erfolgt und wird unterstrichen durch die konzentrative Vorstellung. Konzentrative Vorstellung und konzentrative Einstellung sind die beiden Arbeits-

begriffe im Autogenen Training. Damit gelingt es, durch intensive Arbeit an sich selbst Erfolge zu erzielen, wie z. B. besser zu lernen, sich mehr zu konzentrieren, Fehler einzusehen, mit Problemen aller Art besser fertig zu werden, mutig, frei und froh zu sein, seinen Weg zu gehen.
Hier beginnt die Diskussion:
Paul, der stets kalte Hände und kalte Füße hat, fragt, ob er diese wirklich beseitigen könne.
Manfred wird bei jeder Gelegenheit rot, was ihm so peinlich ist. Er traut sich im fremden Kreis nichts zu, er spricht daher wenig – ob das Autogene Training hilft?
Und Ursel plagt der Magen – »vor Angst schlägt ihr alles auf den Magen«.
Die Teilnehmer gehen aus sich heraus, Kontakte werden geschlossen, der Wunsch, Fehlhaltungen zu beseitigen, wird intensiver. Die Gruppe ist für das Erlernen des Autogenen Trainings bereit.
Wir alle nehmen die Entspannungshaltung ein.
Ich stelle die Ruhe suggestiv vor:

Ich bin ruhig, vollkommen ruhig, gelöst, entspannt.

Vollkommen ruhig, gelöst, entspannt halten wir eine Ruhezeit zunächst von 1 bis 2 Minuten ein. Wenn auch die Gedanken kommen und gehen und immer wieder stören wollen, so ist der Weg zur Ruhe doch vorgezeichnet. Er wird um so besser programmiert, je mehr ich die Übenden suggestiv mit der oben erwähnten Formel einweise. Oft beginnt die Ruhe mit dem Seufzer der Ausatmung.

Und schließlich ist die »komische Situation«, die zunächst noch manchen lachen läßt, überwunden.
Wir sind ruhig, gelöst, entspannt – ich, als Übungsleiter, mitten unter ihnen. Die Verbundenheit macht stark und begeistert am Anfang für eine Methode, die einfach und selbstverständlich ist, wenn man sie versteht.
Und wir üben einige Male, wobei die Übungen zwischenzeitlich durch Beantwortung von Fragen und Vorstellen von Beispielen ergänzt werden.
Schon am Ende der ersten Übungsstunde sind wir uns alle einig, daß die Konzentration auf die Ruhe eine Kraftquelle bedeutet, aus der man jederzeit schöpfen kann. Wer ruhig bleibt, steht über der Situation. Wer ruhig entscheiden kann, ist fähig, seine ganze Leistungskraft einzusetzen. Also streben wir zunächst mit der Einführung in das Autogene Training die Einstellung auf Ruhe an.

Ich bin vollkommen ruhig
ruhig, gelöst, entspannt

Dabei erleben manche zum ersten Mal wieder nach langer Zeit das Gefühl einer Geborgenheit, denn schon die Hinwendung zur Ruhe macht innere Kräfte frei.
Wir seufzen, wir atmen aus, wir stellen uns auf die Ruhe ein, so bekomme ich einen Einblick in mein Inneres. Ich löse mich vom Alltag, vom Problem, ich gewinne in der Ruhe Abstand und folgend schon eine positive Einstellung.

Ich bin vollkommen ruhig
ruhig, gelöst, entspannt
vollkommen ruhig
Atmung ruhig, ein und aus
aus und ein

Wir erleben diese Ruhe als Ruheschwingung, als Ruhetönung. Wir tauchen tief in diese Ruhe hinein. Wir spüren, wie etwas in uns und an uns geschieht. Auch spüre ich den Atem, horche auf meine Atmung, auf die Ein- und Ausatmung, die sich ganz ruhig von selbst vollzieht.
Ganz von selbst kommen Bilder auf uns zu, aus der Erinnerung oder neue Bilder aus der Phantasie – die Gegenwart, der Alltag treten zurück. Wir stellen uns über mögliche Vorstellungen wie Sonnenuntergang am Meer oder das gleichmäßige Schwimmen der Fische in einem Aquarium auf die Ruhe ein. Manchmal treten Farberlebnisse auf. Ich versinke mit ihnen in der Ruhe. Haben die Jungen und Mädchen die Wirkung einer solchen Konzentration erfaßt, so sind sie sehr bald fähig, ihren Weg zu finden und zu gehen, und zwar individuell für sich. Schon im Grundlagen-Training kann mit einer konzentrativ gezielten Einstellung begonnen werden. Ich stelle daher die formelhafte Vorsatzbildung direkt in das Autogene Training hinein, und zwar noch bevor die Organübung als solche erlebt wird. Die Umstellung, d. h. die Beeinflussung von Organen und Organsystemen, gelingt um so besser, je mehr Interesse man hat, je mehr motiviert man ist.

Georg ist sehr skeptisch. Er kann es nicht glauben, daß sein dauerndes Herzklopfen, das er stets bei Aufregungen bekommt, verschwindet. Das Herz schlägt »bis zum Hals«. Daß er dies spürt, macht ihn noch nervöser, als er schon ist.

Und Friedrich dreht unentwegt seinen Kugelschreiber. Er blickt weg, wenn ich ihn anschaue, und fast erwarte ich, daß er einfach aufsteht und geht. Aber nach der 3. Ruheeinstellung fragt er am Ende der Stunde, ob er mit mir reden könne. Daraus wird ein länger dauerndes Gespräch. – Er, 23 Jahre alt, studiert Betriebswirtschaft, hat eine Freundin, mit der es nicht »klappt«. Er hat das, was man vorzeitigen Samenerguß nennt, kommt sich jetzt unfähig und untauglich vor. Ich erkläre ihm zu diesem Zeitpunkt, daß er warten müsse, daß die Ruhe das Zentralgeschehen ist, mit der er lernt, sich zu konzentrieren – auf seine Aufgaben, seine Prüfung und eben auch auf geistig-körperliche Leistungsfähigkeit. Er lächelt mich etwas ungläubig an. Aber er macht in den nächsten Stunden intensiv mit, und eines Tages sagte er mir: »Jetzt klappt es.«

Die meisten Jugendlichen kommen ja zum Autogenen Training weil

- sie sich nicht konzentrieren können
- sie Angst vor Arbeiten haben
- sie sich aus Angst vor der Prüfung bereits krank fühlen
- sie oft unfähig sind, selbständig zu arbeiten
- sie rot und blaß werden vor Angst
- sie einen Druck auf den Magen bekommen
- sie sich zuviel »Kopfschmerzen machen«
- sie nicht schlafen können.

Manch einer ist – aus welchen Gründen auch immer – den Forderungen des Tages nicht gewachsen. Er ist dadurch pessimistisch oder sogar depressiv. Er hat Mühe, sich selbst darzustellen und zu bestätigen.
Den Wunsch, die Negation auszubügeln, die pessimistische Haltung zu beseitigen, das Selbstvertrauen und damit die Leistung zu erhöhen, hat jeder.
Daher ist der Wunsch, das Motiv, die schwingende und klingende Basis für das Autogene Training. Aus diesem Aspekt hat der Satz:

Ich bin vollkommen ruhig,
vollkommen ruhig, gelöst, entspannt

eine besondere Bedeutung.
Diese Ruhe benötigen wir, um schöpferisch tätig zu sein, um aus dem Selbstbewußtsein zu leben und dabei doch in Bescheidenheit das Wissen anderer zu erkennen.
Mit wachsendem Selbstbewußtsein wird gleichzeitig das Selbstvertrauen stärker, deshalb nehme ich schon in die Anfangsübungen des Autogenen Trainings die formelhaften Vorsätzen mit hinein:

Ich arbeite gern
Ich lerne gut
Ich schaffe meine Aufgaben
Ich konzentriere mich

Sie helfen, den Weg zum Ziel vorzubereiten.
Aus allem erwächst eine positive Einstellung, die jeder Mensch – besonders der junge Mensch, der sich im Reifeprozeß befindet – so dringend braucht. Und die positive Einstellung ist es auch, die die Jugendlichen

suchen, nicht nur der Schule, sondern auch dem Leben gegenüber.
Haben wir die Einführung zum Autogenen Training, die konzentrative Ruheeinstellung an uns erfahren, so gehen wir nun in die Übungen des Autogenen Trainings hinein, die jetzt im allgemeinen recht gut verstanden und relativ schnell erlebt werden.
Ich bin vollkommen ruhig,
aus der Ruhe heraus finde ich Mut,
finde ich die positive Einstellung,
ruhig, konzentriert, kraftvoll
gehe ich meinen Weg und erreiche mein Ziel.
Mit dieser Grundeinstellung stelle ich die 1. und 2. Übung – die Schwere- und Wärmeübung – des Autogenen Trainings vor.

21 Die Schwereübung

Die Schwere vertieft die Ruhe, die Ruhe führt in das Empfinden der Schwere. Stufenförmig wird die Schwereübung eingesetzt, durchgeführt und damit die Schwere empfunden. Die Schwereübung lautet:

Mein rechter Arm ist schwer (Linkshänder umgekehrt)
mein linker Arm ist schwer
beide Arme schwer

Die Konzentration der Schwere überträgt sich nun auf die Beine:

Das rechte Bein ist schwer
das linke Bein ist schwer
beide Beine schwer

Nach und nach steigert sich das Schweregefühl. Der Übende sagt sich:

Arme schwer
Beine schwer
ich bin ganz schwer

Diese Einstellung auf die Schwere führt nach mehrmaligem Üben zu der konzentrativen Einstellung der Schwere. Der Übende sagt sich selbst, oder der Gruppenleiter spricht vor:

schwer (in der Vorstellung schwer wie Blei, wie ein Stein)
vollkommen ruhig
schwer

In der Schwereübung erleben wir eine weitere Abstandvergrößerung zum Problem, zum Konflikt, zu allem, was einen berührt.

Schwer, gelöst, entspannt

ist darum eine Begriffsfolge, die sich der Übende ein-

prägen sollte, um schnell den Zustand der Schwere zu erreichen. Der Übende ist nun entspannt und schwer zugleich.
Auf das Gefühl der Schwere folgt – ganz natürlich – von selbst die Wärmeempfindung.

Genauso stufenförmig – wie bei der Schwere – erfolgt die Konzentration auf die Wärme.
Sie geht stufenförmig über Arme und Beine bis zur Körperwärme. Die Wärmeübung lautet:

Vollkommen ruhig, schwer

der rechte Arm ist warm (bei Linkshändern der linke)

Viele nehmen bei dieser Übung eine bildhafte Vorstellung zu Hilfe. Sie tauchen ihre Arme in ein Becken mit warmem Wasser oder beide Füße in heißes Wasser. So steigt die Wärme auf. Man kann auch in der Vorstellung in der Badewanne sitzen, die Wärme im ganzen Körper, besonders aber in den Armen, Händen, Beinen und Füßen spüren. Man läßt heißes Wasser zulaufen, so steigt das Wärmegefühl an.
Die Konzentration auf Schwere und Wärme fördert die Durchblutung im Körper. Die vegetativ bedingte Kreislaufschwäche, die Durchblutungsstörung, wird beseitigt, damit auch das unangenehme Schwitzen. Vorher feucht-kalte Hände und Füße – ein bekanntes Zeichen der Aufregung, der Nervösität – sind jetzt warm und trocken.
Damit aber wachsen Sicherheit, Mut und Selbstvertrauen. Die Schwere und Wärme vertiefen die Ruhe. Der Abstand zu den Schwierigkeiten des Alltags wird größer. Aus der konzentrativen Kraft, die der einzelne nun findet und einsetzt, werden sie bewältigt. Die Aufgaben werden gelöst.
Die positive Einstellung, die der Übungsleiter vorsprechen kann oder die jeder für sich in Gedanken vorspricht, hilft dabei:

Ich erreiche mein Ziel
löse mein Problem
stehe über der Situation
bin mutig, sicher, frei und froh

Hat die Gruppe Fortschritte gemacht, so ist fast jeder imstande, über seine Eigenerlebnisse zu berichten. Die Erlebnisse der Schwere und Wärme sind – wenn auch unterschiedlich – vorhanden.

Und so spüren die Übenden die ersten positiven Auswirkungen des Autogenen Trainings:

- Maria ist nicht mehr so nervös. Sie ist einfach ruhiger, dadurch konzentriert und auch positiver in ihrer Einstellung.
- Dirk kann besser schlafen.
- Ursel hat weniger Angst. Sie hat mehr Selbstvertrauen und hofft, ihr Examen zu bestehen. Ursel entwickelt Mut und Selbstvertrauen.
- Theo wird mit der Familiensituation bereits besser fertig. Er ist nicht mehr so jähzornig. Während er früher ärgerlich und aggressiv reagierte, konzentriert er sich jetzt auf Ruhe und Frieden.

So sind schon die beiden ersten Übungen des Autogenen Trainings für manche Jugendliche ein Erfolg.

Das wiederum spornt die anderen an. Sie alle haben den Wunsch, ihre Fehlhaltungen zu beseitigen.

Wesentlich ist es, daß man bereit ist, sein Fehlverhalten zu ändern. Wenn es gelingt, daß jeder schon bei den ersten Übungen erfährt, was eine positive Einstellung bedeutet, was man mit ihr erreichen kann, dann ist schon viel gewonnen.

»Was nützt es, wenn ich Lehrer und Schule mit Schimpfwörtern belege, damit mache ich meinem Herzen keine ›Luft auf Dauer‹«, sagte ein Schüler. Wieviel besser ist eine ähnliche Auseinandersetzung zunächst mit sich selbst, der Situation und denen an dieser Situation beteiligten Menschen.
Es heißt schon etwas, mit Mut einer Sache zu begegnen, sich zu stellen. Das sich gegenseitige Öffnen und Verstehen führt auf dieser Ebene meist zum Erfolg.
Diese Konsequenzen sind logisch und bekannt, sie werden aber erst durch die Ab- und Umschaltung vom Alltag auf die Ruhe in ihrem Wesen erfaßt.
Diese tiefe Erkenntnis führt zum Handeln.
Nach den ersten Vorgesprächen und Übungen ist die Gruppe bei der vierten Zusammenkunft zu einer Gemeinschaft geworden. Falsche Hemmungen sind abgebaut, das Vorgespräch mit dem Erfahrungsaustausch über die bisher durchgeführten Übungen ist in vollem Gang. Sie packen aus, sprechen über Beschwerden und fragen sich dabei schon selbst nach möglichen Ursachen.
Als wir über die Möglichkeit sprachen, mit der Herzübung im Autogenen Training die Funktion von Herz und Kreislauf zu beeinflussen, sprach Erika in der Gruppe über ihre Beschwerden und heimlichen Ängste ...

23 Die Herzübung

Erstaunlich viele Jugendliche leiden unter Herz- und Kreislaufstörungen funktioneller Art, d. h., sie spüren ihr Herz bei jeder Aufregung. Bei geforderten Leistungen, z. B. bei Prüfungen, schlägt ihnen das Herz bis zum Hals. Erika sagte: »Ich rege mich immer so sehr auf, daß ich dauernd schlucken muß.« Auch klagte sie ständig über kalte Hände und kalte Füße. Und in den ungeeignetsten Situationen bekam sie einen roten Hals. Sie wußte dies schon im voraus und war voller Angst und Unsicherheit.

So kam sie ziemlich bedrückt zum Autogenen Training. Sie hoffte, daß es ihr helfen könnte. Es dauerte 3 Wochen, bis Erika den ersten Erfolg spürte. Die Übung im Autogenen Training – die Herzübung – wirkte beruhigend und entspannend:

Vollkommen ruhig, gelöst, entspannt
Schwer, warm
Herz ruhig und gleichmäßig
kräftig und regelmäßig

Sie hatte nicht erwartet, durch das Autogene Training eine derartige Beruhigung ihres Herzens erleben zu können. Von Tag zu Tag wurde sie ruhiger, und ihr Herz schlug tatsächlich ruhig und gleichmäßig. Sie hatte aber auch dadurch keine Angst mehr, und das war entscheidend.

So wie sie gibt es viele junge Menschen, die »vegetativ bedingte Herz- und Kreislaufstörungen« haben. Diese wirken sich dann hemmend und belastend aus. Das Autogene Training bietet hier eine gute Hilfe.

Ich vergesse nie, die Funktion von Herz, Kreislauf und

Atmung zu erklären. Ist es doch immer wieder beeindruckend, das »Wunder des Lebens« an sich zu erfahren. Die Arbeit unseres Herzens ist umschlossen vom Rhythmus der Atmung. Die 60–80 Herzschläge in der Minute fügen sich in die ruhige, rhythmisch wiegende Atmung ein – in 16 bis 18 Atemzüge in der Minute. Und ich stelle in der Gruppe die Zeiteinheit der Atemzüge fest. Mit geschlossenen Augen gebe ich mich dem Rhythmus hin, empfinde die Beruhigung. Das, was im Autogenen Training Beeinflussung von Organen und Organsystemen heißt – also den »Eingriff an sich selbst« darstellt – führt zu einer Beruhigung des Herzens.

Die 4. Übung im Autogenen Training – die Atemübung – vermittelt uns das Wesen der Atmung. Ich kann sie spüren, erfassen! Und das ist wesentlich, um Ruhe, Entspannung und Konzentration zu erreichen. »Von einer Sekunde zur anderen gelingt es mir, ruhig zu werden, sozusagen mit einem Atemzug.« Das erklären viele jugendliche Teilnehmer übereinstimmend, und das kommt besonders bei Arbeiten in der Schule zum Ausdruck. Wer das Autogene Training erlernt hat, stellt sich oft mit einem Atemzug – und zwar beginnend mit der Ausatmung –, einem »Stoßseufzer« auf Ruhe ein.
»Hierdurch finde ich meine Konzentration.«
»Ich bin ruhig, konzentriert, mutig und löse meine Aufgaben«, sagte Horst, der sonst bei Arbeiten immer die »Nerven verlor«. Stets hatte er sich gut vorbereitet, und auf Grund seines Wissens hätte er nur gute Arbeiten schreiben müssen. Aber im entscheidenden Augenblick war – wie bei vielen anderen – »alles weg«. Das wurde nun mit der Atemeinstellung besser. Das Hindenken zur Atmung, die Konzentration auf das Atmen war für Horst eine entscheidende Hilfe. Er konzentrierte sich in ein geistiges Kraftfeld hinein.
Er war fähig, frei zu denken, die Gedanken zu ordnen und zu formen.
Er konnte jetzt gefordertes Wissen aus der Erinnerung hervorholen. Das war früher kaum möglich, jetzt fiel ihm das leicht.
Die befreiende Ausatmung mit der nachfolgenden Konzentration – die Hinwendung nach innen – ließ ihn alle Forderungen erfüllen. Der im Autogenen Training

geforderte Abstand wird in diesem Augenblick vergrößert und vertieft.
Sich konzentrieren heißt: sich zu einer Sache hinwenden; heißt: das, was man gelernt hat, wiedergeben, verarbeiten und gegebenenfalls neu gestalten.
Gedankeneinbrüche sind damit abgefangen, und nur die für diesen Prozeß notwendige Gedankenschublade wird aufgezogen.

Es atmet mich

ist eine Formel, bei der der Mensch durch das passive Atemerlebnis zur inneren Konzentration geführt wird.
So sind die ersten Stufen im Autogenen Training erreicht:

die Ruheeinstellung	– *vollkommen ruhig, gelöst, entspannt*
die Schwereübung	– *schwer*
die Wärmeübung	– *warm*
die Herzübung	– *Herz ruhig und gleichmäßig,*
	– *kräftig und regelmäßig*
die Atemübung	– *es atmet mich*

Diese Vorsätze führen zur Harmonisierung. Es sind die ersten 4 Übungen, die eine Säule im Autogenen Training darstellen. Sie bedeuten bereits eine Erhöhung der Konzentrations- und Leistungsfähigkeit. Hier erfolgt aber auch bereits eine Erweiterung des Bewußtseins, damit ein Herauslösen aus der Enge, aus der Angst: der Angst vor dem Versagen und unbekannten Situationen. Es sind vielerlei Gedanken, die bei den Übungen im Autogenen Training auftauchen, die man in Vorsätzen, in konzentrativen Hilfen festhalten und

individuell in das Autogene Training einbauen kann. Mit jeder Erfüllung von geforderten Leistungen erfolgt eine Bestätigung, eine Unterstreichung des Selbstbewußtseins, damit wächst das Selbstvertrauen.
Erlebe ich die Atemübung im Autogenen Training tief, so bedeutet diese Konzentration in der Ruhe einen Schritt vorwärts auf dem Weg zur Persönlichkeitsreifung.
Schwerpunkt in dieser Übung ist die Entfaltung des eigenen Wesens und Seins.
Der junge Mensch, der an dieser Stelle des Autogenen Trainings angekommen ist, spürt bei der Hinwendung zu sich selbst den Prozeß des Reifens. Goethe fand für den Atemvorgang die folgenden Worte:

»Im Atemholen sind zweierlei Gnaden:
Die Luft einziehen, sich ihrer entladen;
Jenes bedrängt, dieses erfrischt;
So wunderbar ist das Leben gemischt.
Du danke Gott, wenn er dich preßt,
und dank' ihm, wenn er dich wieder entläßt.«

Die Atmung, die Konzentration auf die Atmung, bedeutet viel mehr, als man von vornherein annimmt. Nie versäume ich, den Atemvorgang als solchen zu erklären, medizinisch, funktionell läßt sich manches zum in der Schule Gelernten ergänzen. Auch sind nicht alle Teilnehmer über den Atemvorgang informiert. Manchem wird bewußt, daß hierbei das Ich zurücktritt, daß der Mensch es nicht selbst ist, der aktiv atmet, sondern daß er geatmet wird.

Es – das steuernde Prinzip, begegnet uns zum ersten Mal.

Es atmet mich.

Damit steigt ganz von selbst das Gefühl, die Ehrfurcht »vor dem Leben« und damit auch Dankbarkeit. Das aber zieht eine positive Einstellung dem Leben gegenüber nach sich. Das Bewußtsein des Atemerlebnisses läßt viele Variationen im Denken und Erfassen zu, die jeder einzelne für sich selbst suchen und finden kann. Schon von hier aus gesehen ist er fähig, der Mensch zu sein, der er eigentlich ist.

Das sind Gedanken, die während der Durchführung des Autogenen Trainings auftauchen und auch behandelt werden. Jeder findet dabei seine Einstellung, wenn er die Übungen erfaßt.

»Man atmet sich frei.« »Hier kann ich wieder atmen.« Diese Aussprüche weisen darauf hin, daß der Mensch sich lösen und frei werden kann, daß er fähig ist, seine Kräfte zu finden und sie zur Gestaltung seines Lebens einzusetzen.

An dieser Stelle versteht der Jugendliche durch das tiefere Erfassen der Übungen, daß er Problemen und Konflikten nicht einfach aus dem Weg gehen kann, sondern daß er sie mit dem Autogenen Training besser und schneller zu bewältigen vermag.

Das Problem zu sehen, es richtig zu plazieren, mit ihm zu leben, ist eine Fähigkeit, die man mit der Besinnung auf sich selbst durch das Autogene Training erwirbt. Dabei erwächst die positive Einstellung und mit ihr das »Ja« zum Leben. Mut, Selbstvertrauen und positive Einstellung aber sind Einstellungen, um die man sich bemühen muß, für die man bereit ist mit dem Autogenen Training.

Vollkommen ruhig, gelöst, entspannt
schwer
warm
Herz ruhig
es atmet mich

Diese Vorsätze beinhalten den ersten Teil des Lernprogramms der Unterstufe des Autogenen Trainings. Alle jugendlichen Teilnehmer haben nun eine Beziehung zum Autogenen Training bekommen. Sie haben es gelernt, ab- und umzuschalten auf die Ruhe. Sie können den Tag mit seinen Sorgen eine Weile vergessen, d. h. Abstand gewinnen.

25 Die Sonnengeflechtsübung

Für diejenigen, die mit ihrem Magen und Darm auf unbewältigte Probleme reagieren, ist das Erlernen der 5. Übung – der Bauch- und Sonnengeflechtsübung – ein weiterer Fortschritt auf dem Weg der Selbsterkenntnis und der sich daraus ergebenden Konsequenzen. Bei manchen Menschen sitzt die Angst im Bauch.
Das kennt man auch von den Nabelkoliken der kleinen Kinder. Viele Menschen reagieren auf nicht bewältigte Situationen mit Magen, Darm, Leber, Galle, Bauchspeicheldrüse.
Das Magengeschwür z. B., so berichtet die Statistik, ist zu 70 % vegetativ ausgelöst, d. h. es entsteht aus dem gestörten Gleichgewicht zwischen Körper und Seele.
Mit dem Autogenen Training, mit dem man über das vegetative Nervensystem einen »Eingriff bei sich selbst« durchführt, kann man vegetativ bedingte Erkrankungen im Magen-Darm-Bereich verhindern.
»Mir schlägt alles auf den Magen«, sagt Paul und hofft auf Hilfe.
Gerda fühlt sich vor einer Klassenarbeit immer so schlecht, daß sie meistens erbrechen muß. Sie hat viel Bauchschmerzen; sie weiß, daß sie die Bauchschmerzen einfach vor Angst hat, und wäre glücklich, davon befreit zu sein.
Paul z. B. bekam vor dem schriftlichen Abitur Bauchschmerzen. Der Verdacht auf Blinddarmentzündung bestätigte sich aber nicht. Als der Zeitpunkt der mündlichen Prüfung heranrückte, hatte er wieder Bauchschmerzen, die erst endgültig verschwanden, als er sein Abitur bestanden hatte.

So gibt es viele Beispiele in jeder Gruppe, die bei mir das Autogene Training erlernt. Der durch das Autogene Training mögliche Erfolg spricht für sich.
Es dauert nicht länger als 8 Wochen, und die meisten Teilnehmer berichten stolz von ihren Erfolgen.
Da durchschnittlich 14 Tage zum Erlernen einer Übung notwendig sind, erlebt die Gruppe, die in 14tägigem Rhythmus zusammenkommt und übt, die mögliche Praxis und den sie begleitenden Erfolg bei einzelnen Teilnehmern mit. Das ist sehr wohltuend, eindrucksvoll und vermittelt auf dem Boden der Sachlichkeit echte Beziehungen. Auf diese Weise lernen die Teilnehmer, das Autogene Training in ihr Leben einzubauen, es fest in den Tagesablauf einzuplanen.
Die Ursachen gewisser Störungen aufzufinden, sich also über die Motivation klar zu werden, den Schritt von der organischen Beeinflussung in den seelischen Bereich zu tun und hier konzentrativ an der Wurzel, d. h. im Ursachenbereich tätig zu werden, ist eine Forderung, die für den Leib mit der Übung

Sonnengeflecht (oder Leib) *strömend warm*

erfüllt wird.
Das Sonnengeflecht ist ein Geflecht von Nervenzellen und Nervenschaltstellen. Diese Anhäufung von Nervenzellen, die unterhalb des Zwerchfelles liegt und alle Eingeweide beeinflußt, wird als Sonnengeflecht im Autogenen Training angesprochen. Um das Wärmeerlebnis im Bauchraum intensiver und schneller herbeizuführen, kann man sich in der Vorstellung eine Wärmeflasche zwischen Brustbein und Nabel legen. Bald spürt

man eine »strömende Wärme«, die den Stoffwechsel anregt und die in Verbindung mit gesunder Ernährung und ausreichender Bewegung eine ideale Vorsorge gegenüber den vielen Störungen im Magen-Darm-Bereich darstellt. Der Übende empfindet sich nun als schwere, warme Masse. Er ist vollkommen ruhig, entspannt, durchatmet und durchblutet.

Bei der im Autogenen Training möglichen Innenschau, der Konzentration auf den Bauch – auf die Leib- und Lebensmitte – bekommt jeder Übende die Fähigkeit, einen weiten Abstand zu gewinnen – zum Tag, zum Konflikt, zur Lebensproblematik. Jetzt ist er mehr als je auf »das Innen« ausgerichtet, auf den Weg der Lösung, der Entspannung, den Weg, der zum inneren Ziel führt. Diese 5. Übung, die Sonnengeflechtsübung, führt aber darüber hinaus zum Zentrum, zu einer Kraftquelle, aus der der Übende Energien für seinen Lebensweg schöpfen kann.

Vollkommen ruhig!
Schwer! Warm!
Herz ruhig! Atmung ruhig!
Es atmet mich!
Sonnengeflecht strömend warm!

So lautet nun die Übungsformel bei der Wiederholung am Ende der Sonnengeflechtsübung.
Der Übende ist nun eine schwere, warme Masse Mensch, völlig umgeben von Ruhe, gelöst, entspannt arbeitet das Herz, ruhig und gleichmäßig atmet es ihn, das Sonnengeflecht ist strömend warm.

Wenn wir soweit gekommen sind, versteht jeder, was wesentlich ist. Über Kleinigkeiten ärgert man sich nicht mehr, man gewinnt mit dem Autogenen Training die Kräfte zur Konzentration, die Kräfte, um wirklich über der Situation zu stehen.

Die 6. Übung – die konzentrative Kopfeinstellung – leitet uns dann auf die Plattform für eine konzentrative Einstellung auf körperlich-geistigem Gebiet.
Haben wir bis jetzt gelernt, in den organischen Bereich einzugreifen, dabei aber schon den Weg für eine bestimmte konzentrative Richtung gefunden, so öffnen sich mit der Kopfübung und hier mit dem Vorsatz

meine Stirn ist ein wenig kühl oder
Stirn angenehm kühl

die Tore zu einer gezielten Arbeit an sich selbst.
Hier wird die Reifung zur Persönlichkeit angesprochen. Konzentrative Hilfen werden richtig eingesetzt und verstanden. Hier steht der Mensch auf einem Sprungbrett der Dynamik, bereit und fähig, das Leben zu bewältigen. Er stellt sich anderen Menschen gegenüber positiv ein, vertritt andererseits aber auch sein eigenes Recht. Vor allem taucht er ein in die Wahrheit des Seins. Und aus diesem Gefühl wird alles leichter.
Das Autogene Training ist kein Wunder, keine Sensation, die einem alles leicht macht, aber man entdeckt in sich die Fähigkeit, das zu sein, wozu man letzten Endes bestimmt ist, die Aufgaben zu erfüllen, die sich einem stellen.
Das Verstehen der Übungen stellt an alle erhöhte geistige Anforderungen. Sie richtig zu verstehen und zu nutzen, sind Fähigkeiten, die sich im Laufe der Zeit entwickeln.
Von besonderer Bedeutung ist hier natürlich die Verankerung der Lern- und Konzentrationshilfen.
Jetzt, mit den Übungen des Autogenen Trainings der

Unterstufe, gelingt es, konzentrative Hilfen überall bewußt – effektiv – einzubauen. Vor den Gesamtübungen, zwischen den Übungen, wo sie am besten hinpassen und eine möglichst gute Wirkung haben, werden sie eingesetzt und am Schluß, um sie noch einmal auf der Basis der vegetativen Umschaltung zu betonen, wiederholt.

Ich lerne gern, arbeite gut
Ich arbeite froh, ich bin zuversichtlich
Ich bestehe meine Prüfung
Ich gehe meinen Weg sicher und froh
Ich bin mutig, sicher, frei und froh
Vollkommen ruhig, konzentriert

sind z. B. konzentrative Hilfen, die der Übende mit in sein Autogenes Training hineinnehmen kann.

»Wenn ich jetzt fähig bin, meinen Vorsatz zu fassen, weiß ich, daß ich mich programmiert habe.« Das stellte ein 19jähriger Schüler fest, dem es gelungen war, mathematische Formeln fest zu verankern. Damit hat er sich notenmäßig um zwei Zensuren verbessert, was ihm früher trotz allen mathematischen Verständnisses nicht gelungen war.

Edgar berichtete, wie leicht für ihn neuerdings das Erlernen der Sprachen sei. Sowohl in Englisch wie in Französisch hatte er sich sehr gebessert. Er konnte jetzt seine Vokabeln behalten. Die Fortschritte fielen in der Schule und zu Hause auf.

Lotte hatte sich bei den Aussprachen immer sehr zurückgehalten. Sie war, als sie zum Autogenen Training in die Gruppe kam, angstvoll und unsicher. Sie sprach

kaum ein Wort. Ich kannte ihre Hemmung zu sprechen, ließ sie aber, da sie kein weiteres Gespräch mit mir suchte, in Ruhe. Und alle waren wir dann sehr erstaunt, als sie uns in der letzten Stunde erklärte: »Ich bin jetzt viel freier geworden. Und, um ehrlich zu sein, ich hatte richtige Angst, hier etwas zu sagen. In der Schule wundert man sich auch. Ich muß sagen, mir hat das Autogene Training sehr geholfen.«
So wie Lotte äußerten viele ihre Meinung. Manche erreichten ihre Zielvorstellung viel später, manche Teilnehmer kamen zunächst nicht über die Wärmeübung hinaus. Aber alle wußten, daß sie arbeiten mußten, um das Autogene Training richtig zu nützen. Zum Schluß verstehen alle, was gemeint ist, wenn auch, nach allgemeiner Feststellung, die 6. Übung die schwierigste ist. Auch dauert es meist einige Zeit, bis die leichte und angenehme Kühle der Stirn empfunden wird. Jedoch bringt die Übung auf ihre Art Klärung und damit Erkenntnisse, die auch schon bedingt durch die längere Verweildauer in der ruhigen Konzentration eine Bedeutung für das Leben haben. Der Übende ist nun fähig, in der Innenschau seine Kräfte zu sammeln, die ihn befähigen, er selbst zu sein.
Die 6. Übung ist die Ausgangsbasis für die Praxis der Selbsthypnose.
Von der Höhe eines Berges, auf dessen Gipfel man alles überblickt, betritt man den Weg vom »Ich zum Selbst«, um in dieser Erkenntnis zu seiner Bestimmung heranzureifen. Das aber bedeutet Lösung, Entängstigung, damit die Fähigkeit, in der Wahrheit des Seins zu leben.

27 Die Vorsatzhilfen

Christian, 18 Jahre alt, bereitete sich auf das Abitur vor. Als Arztsohn wollte er gern Medizin studieren, aber würde er die Hürde des Numerus clausus schaffen? »Ich komme zum Autogenen Training, um meine Konzentrations- und Leistungsfähigkeit zu erhöhen. Ich muß mich einfach besser konzentrieren, sonst gehen die Arbeiten daneben.« Christian stand gut in der Schule, trieb nebenbei viel Sport und war körperlich gesund. Seine sehr verständnisvollen Eltern drängten ihn nicht, und der drohende Zeigefinger: »Wenn Du nicht...« blieb aus. Christian kam mit einer positiven Einstellung zum Autogenen Training.

Aber leider hatte er Angst, sehr viel Angst. Und er hatte wiederum Angst davor, daß ihm seine Angst in dem entscheidenden Moment alles verderben konnte. Er war sich seines Wissens sicher, konnte aber die Leistung bei der Klassenarbeit oft nicht erbringen.

»Wenn wir nicht wüßten, was Christian kann« – denn er war in den verschiedensten Fächern mündlich sehr gut, versagte aber eben oft schriftlich – »dann wäre es schlecht um ihn bestellt. Wir hoffen aber, daß Christian im entscheidenden Moment da ist und seine Aufgaben erfüllt«, so urteilte sein Klassenlehrer.

Und um den entscheidenden Moment ging es, nur um den! Die Angst zu beseitigen, mutig und sicher über der Situation zu stehen, war das Ziel, das Christian nun mit positiver Einstellung durch das Autogene Training zu erreichen wünschte. 10 Wochen Zeit waren noch bis zum Abitur, nicht lange, um Unebenheiten abzubauen, um mit der Angst fertig zu werden und die geforderten Leistungen zu erbringen.

Er lernte die Übungen des Autogenen Trainings der Unterstufe und war in seiner Gruppe einer der allerersten, die Schwere und Wärme empfanden. Im Bewußtwerden der Atmung als wunderbares Geschehen im körperlichen Empfinden gelangte er zu einer tiefen Beruhigung und damit zu einer tiefen Entspannung. In dieser Ruhe wurde er frei von der Enge, von den Ängsten. Mit fortschreitendem Erfolg im Autogenen Training bekam er mehr Sicherheit, mehr Selbstvertrauen. Dieses verstärkte sich noch, als wir die 6. Übung – die konzentrative Kopfeinstellung – durchführten. Von hier aus wird die formelhafte Vorsatzbildung intensiviert, also verstärkt angelegt.
Christian prägte sich ein:

Ich bin mutig, sicher, frei und froh
Ich schaffe meine Arbeiten
Ich bin ruhig, konzentriert, ich löse meine Aufgaben

Und so war es dann auch. Im Abitur konnte Christian die durch das Autogene Training herbeigerufene Ruhe konzentrativ voll ausnützen, er war im entscheidenden Moment voll da. Ja mehr noch, er war über die geforderten Fragen hinaus fähig, sein Wissen auf den verschiedensten Gebieten darzustellen. »Dabei war ich froh und keineswegs aufgeregt, ich konnte denken!« erzählte Christian. Er bestand sein Abitur recht gut, doch leider noch unter der für den Zugang zum Medizinstudium geforderten Durchschnittszensur. Die Noten reichten nicht ganz aus, trotzdem blieb er gelassen – auch ein Erfolg des Autogenen Trainings. Er ärgerte sich nicht.

Durch das Losverfahren bekam er dann doch noch einen Studienplatz. Heute studiert Christian schon im 8. Semester Medizin, sein Physikum hat er gut bestanden. Seine Lebenseinstellung und die Einstellung zum späteren Beruf sind positiv. Er möchte Kinderarzt werden.

Nicht immer liegen die Ängste im äußeren Bereich des Lebens und sind so klar zu erkennen wie die Angst von Christian. Bei ihm war es nicht schwer, mit dem Autogenen Training die Beseitigung der Angst zu erzielen. Die Angst bezog sich schwerpunktmäßig nur auf die Arbeiten. Ganz konkret hatte Christian die Angst zu versagen, was ja auch öfter geschah.

Häufig aber ist es bei den Jugendlichen eine tiefer liegende Angst – die Angst, die zu einer Angst-Neurose führt, also zu einer Fehlhaltung. Mit einer solchen Fehlhaltung ist oft eine Fehlleistung verbunden, die sich auf die verschiedensten Gebiete des Lebens beziehen kann. Viele junge Menschen kommen deshalb zum Autogenen Training, weil sie – ganz allgemein gesagt – überhaupt Angst haben: Angst vor Aufgaben, Angst vor Konflikten, Angst vor dem Leben. Sie sind nicht sie selbst. Ich benötige manchmal mehrere Gespräche, um nur einige Ursachen der Angst zu ergründen. Oft wirken die Familienverhältnisse – Eheschwierigkeiten mit Scheidungen, schwierige Stellung im Kreis der Geschwister – derart auf einen jungen Menschen ein, daß er nicht zur Selbstfindung kommt. Der mit diesen Erscheinungen oft verbundene Mangel an Gemütswärme hat dabei auch einen entscheidenden

Anteil. Der junge, suchende Mensch ist in Not. Da er vielfach nicht den Menschen, das Leitbild, den Freund findet, der ihm hilft, sich zu orientieren, wird er unsicher und damit auch oft depressiv. Die Angst äußert sich körperlich. Blässe der Haut, unsteter Blick, lästiges Schwitzen, kalte Hände, kalte Füße, oft auch Herz- oder Magenbeschwerden kennzeichnen den Zustand des jungen Menschen, der voller Angst lebt. Er möchte heraus aus dieser Umklammerung, sucht seine Freiheit. Wir wissen, daß dies oft falsch verstanden wird und Drogen die Wege bestimmen, die man aus eigener Kraft nicht finden kann. Diese eigene Kraft zu suchen und zu finden, ist möglich mit dem Autogenen Training. Hat ein junger Mensch das Autogene Training erlernt, entwickelt sich nach vorangegangenen Gesprächen und intensiven Übungen das Vertrauen zu sich selbst. Er erstarkt in sich selbst, und es ist möglich – mit Hilfe von formelhaften Vorsatzhilfen –, den richtigen Weg zu entdecken und damit aus der Angst herauszukommen.

Hat der jugendliche Teilnehmer die Übungen der Unterstufe des Autogenen Trainings erarbeitet, das heißt:
alle meine Gliedmaßen sind schwer und warm,
mein Herz arbeitet hörbar ruhig und kräftig,
mein Atem geht von selbst (»Es atmet mich«),
mein Sonnengeflecht ist strömend warm und meine Stirn kühl, dann liege ich da wie eine wohlige, warme Masse,
mein Kopf dagegen geradezu darüber,
so kann man tatsächlich feststellen, daß der Körper warm, die Stirn dagegen kühl ist.

Bei dieser Übung ist die Einbettung der Vorsatzhilfen richtig und wirkungsvoll. In dieser Form der Versenkung setzen wir uns über die Vorstellung mit dem Steuernden in uns in Verbindung, mit dem »Selbst«.

Dabei sind folgende Regeln zu beachten:

1. Man nehme nur einen Vorsatz, einen Anruf in je 14 Tagen.

2. Man vermeide das Wörtchen »nicht«. Es ist einfach Beobachtungstatsache, daß das Wörtchen »nicht« vom Leben abgelehnt wird. Das Steuernde erhält den entgegengesetzten Anruf.

3. Man vermeide die Befehlsform »Ich will, ich soll, ich muß«. Man wähle die Bittform: »Bitte, gib mir Kraft, das und das zu tun«. (»Du sollst nicht« ist daher grundsätzlich falsch!)

4. Man nehme immer den gleichen Wortlaut. Änderungen des Wortlauts erschweren den Erfolg. Man spreche den Anruf möglichst in gleicher Tonhöhe (monoton).

5. Man verlege den Vorgang in den emotionalen Raum, d. h. verbinde die Bitte mit Vorstellungen angenehmer, lustvoller Art. Vor allem unangenehme Sachen, die man immer wieder aufschiebt, mit angenehmen Vorstellungen verbinden, gewissermaßen darin einbetten!

Es ist wichtig, sich alle Vorsätze in der Gelöstheit und Entspannung der Stille zu geben – das gilt besonders für die Einschlafübung. Jeder, der Abstand gewonnen hat, ist ruhig, gelöst und entspannt. Er kann seine Vorsätze klar und deutlich einsetzen. Sie sollten gegenwartsnah und positiv und eindringlich formuliert sein.

Viele Jugendliche nehmen auch am Kurs für Fortgeschrittene teil. Voraussetzung dafür ist die Beherrschung der Übungen der Unterstufe des Autogenen Trainings.
Eine Fortsetzung des Autogenen Trainings als Fortgeschrittener in einer solchen Gruppe erfordert erhöhte Konzentrationsbereitschaft. Meist beginne ich mit einfachen konzentrativen Vorstellungen, um damit die konzentrativen Einstellungen zu intensivieren. So baue ich über die konzentrative Vorstellung eines Raumes, einer Landschaft das Intensiverlebnis auf – erwecke die Fähigkeiten, sich über die Konzentration auf eine Blume, ein Tier, auf einen Menschen einzustellen, folgend auf den Kosmos.
Die Konzentration auf eine Blume z. B. erfordert die Aufnahme des ganzen Bildes, dann aber die Beobachtung der Einzelheiten: Wie sieht der Stiel aus, wie sind die grünen Blätter angesetzt, gegenständig oder versetzt? Wie sehen die Blütenblätter aus, wie sind sie angeordnet, was ist typisch für das Blüteninnere? In Gedanken halte ich eine Blume in der Hand, drehe und wende sie, konzentriere mich auf die ganze Blume, habe einen Eindruck von ihr. Ich bin fähig, die Blume zu sehen, sie genauso, wie sie ist, vor mein inneres Auge zu stellen. Vordergründig ist es zwar die Blume, die ich sehe, erkenne – mehr noch: ich erfasse von hier aus den Weg zu einer inneren Ordnung, aus der das Selbstvertrauen wächst. Erst dann bin ich fähig, die nun folgenden Gedankengänge, die durch die Betrachtung der Blume ausgelöst werden, zu ordnen und sie dann dem steuernden Prinzip, dem »Es«, zu übergeben.

Konzentration und Intuition sind die spürbaren Akzente. Impulse werden gesetzt, die ich an dieser Stelle als Geschenk empfange.
So wie man sich auf eine Blume konzentrieren kann, geschieht es in ähnlicher Weise auf den Raum, auf Gegenstände, auf ein Tier, z. B. auf eine Katze. In diesem Fall erfasse ich auch die Bewegung. Ich sehe vor meinem inneren Auge – mit der konzentrativen Einstellung – wie sich die Katze behaglich dehnt, reckt und streckt, den Ausdruck wohliger Entspannung vermittelt. Hier ist gegenüber der Blume der Unterschied, daß ich über die vorstellbare Bewegung die konzentrative Entspannung erlebe, diese gewissermaßen übertragen wird.
Immer gehe ich zunächst von Form, Farbe und Bewegung aus. Das führt zu einer echten inneren Beziehung, damit zu einer Begegnung, wie es bei der Konzentration auf einen Menschen möglich ist.
Hier bewege ich mich auf einer höheren Stufe. Dabei ist das Äußere des Menschen weniger von Bedeutung, obwohl wir in dieser Übung auch Kleidung, Form und Farbe erfassen. Hier kommt es vielmehr darauf an, dem Menschen in seinem Wesen zu begegnen, seine Haltung, seinen Ausdruck, seine Ausstrahlung, damit seine Wirkung zu empfinden. Wie kommt dieser Mensch – in der inneren Konzentration – auf mich zu?
Schwingend, federnd, ruhig oder gehemmt, vielleicht steif? Wie ist sein Händedruck, fest oder lasch? (Erinnerung aus der Vorstellung)
Sind seine Hände kühl oder angenehm warm?

Ich sehe ihm in die Augen. Wir begegnen uns.
Damit weiß ich, was ich von ihm zu halten habe, und wir verstehen uns.
Immer wieder sind die Jugendlichen erstaunt, daß man im Autogenen Training mit der konzentrativen Hinwendung fähig ist, in der Vorstellung einem Freund, einer Vertrauensperson zu begegnen, der man alles sagen kann. Und darüber hinaus kann man über die konzentrative Vorstellung mit einer gezielten Einstellung einen Menschen positiv beeinflussen – das heißt ihn aufschließen und sein Inneres erreichen.
Aggressionen werden abgebaut, die Toleranzgrenze wird erweitert, das Gute im Menschen entwickelt und gefördert. Auf diese Weise kann ich eine Wendung im Leben herbeiführen, negative Einstellungen in positive umwandeln.
Dies ist eine charakterbildende Wirkung des Autogenen Trainings, die bei den Fortgeschrittenen viel diskutiert wird.
So ist es verständlich, daß es in diesen Gruppen meistens zu einer echten Arbeits- und teilweise auch zu einer Lebensgemeinschaft für längere Zeit kommen kann.
Bei den Fortgeschrittenen dominiert in diesem Stadium die Aussprache in der Gruppe.
Hatten die Jugendlichen im Anfangskurs noch eine gewisse Scheu, sich einander mitzuteilen, so war jetzt die Gruppe zu einem Diskussionskreis geworden.
Eine solche Gruppe, die aus 6–8 Teilnehmern besteht, öffnet sich, und jeder Teilnehmer der Gruppe erfährt

individuell eine Persönlichkeitsreifung. Die Jungen und Mädchen erkannten den Wert einer solchen Gemeinschaft und waren fähig, nach und nach falsche Hemmungen und Komplexe abzubauen.
Im weiteren Verlauf werden Licht- und Farbvorstellungen in das Autogene Training eingebaut, was für die jugendlichen Teilnehmer sehr beeindruckend ist. Diese Bild- und Farberlebnisse versetzen sie in eine Traumwelt, die aus der Tiefe jene echten Kräfte aufsteigen läßt, die bei Drogen zwar scheinbar auftauchen, aber zerrinnen. Was bei Drogen Übelkeit, Schwäche und Sucht nach weiteren Erlebnissen auslöst, wird im Autogenen Training gleichsam sublimiert und in der Oberstufe als schöpferischer Impuls erlebt.
Sich selbst zu finden, damit seine eigenen bislang oft verborgenen Kräfte zu entdecken und sie als Hilfe für die Bewältigung der Lebensaufgaben einzusetzen, bedeutet echte Erfüllung.
Es ist, als mache der junge Mensch eine Metamorphose durch, der Durchbruch zur Persönlichkeit gelingt jetzt endgültig. Endlich ist er reif, ist er er selbst – eine Erkenntnis, die allen zuteil wird, die mit der Methode der konzentrativen Selbstentspannung vertraut sind.
Haben die Jugendlichen in der Unterstufe einmal den festen Grund gefunden, haben sie gelernt, sich völlig zu entspannen, Ruhe zu finden, und aus der Ruhe die Dynamik zu neuem Tun gewonnen, so ist es, als ob sie aus einem geistigen Kraftfeld schöpferische Fähigkeiten entwickeln, die den Menschen prägen, den Weg bestimmen.

Nicht ich bin es, der denkt, fühlt, empfindet, der aus der Intuition heraus handelt, denn das Ich ist wandelbar und wird im Lauf des Lebens von der Vernunft, vom Verstand beeinflußt, um dazu beizutragen, das Leben zu regeln. Die entscheidende Kraft, die aus dem Zentrum heraus aufsteigt, ist das »steuernde Prinzip«, das »Selbst« des Menschen. Dies ist der göttliche Funke aus dem Urgrund des Menschen. Jeder stellt sich dieses Zentrum anders vor – als »Insel der Ruhe, der Besinnung und Sammlung«. »Es ist, als ob eine innere Stimme wach wird, die mich führt und leitet«, sagte einer der Teilnehmer, ein anderer »Ich erlebe Gott, der mir dies Steuernde mitgegeben hat, ich fühle mich geborgen und bin voller Vertrauen«, und er drückte damit aus, daß er eine Verbindung mit seinem religiösen Denken gefunden hatte.
So ist die weitere Forderung in der Oberstufe des Autogenen Trainings, sich herzugeben, das steuernde »ES« zu empfinden, sich führen zu lassen, nur noch ein kleiner Schritt.
Manch einer ist erstaunt, wie sich über ein Wort – nun aus dem abstrakten Bereich – eine Begriffsfolge anbietet, sich regelrecht entwickelt.
»Es denkt in mir« – »Es arbeitet« – »Ich stehe daneben, sehe und höre staunend, was geschieht.« Hier sind es die bekannten Tagträume, die einbrechen, oft eine Wesensveränderung verursachen, die im Gegenteil zu den Drogenwirkungen positiv zu sehen sind.
Damit bahnt sich eine Entwicklung an, die einen Teil der Reifung auf dem Weg zum Persönlichkeitsdurchbruch

bedeutet. Der junge Mensch, der eine Zeit lang ein solches Wachsen und Reifen erlebt, stellt eines Tages erstaunt fest, daß er sicher, mutig, frei und froh ist.
Ganz selbstverständlich erscheint ihm das.
Ein Ziel – eine Wunschvorstellung – wird konzentrativ angelegt. Mit dem Mut zur Wahrheit gegenüber sich selbst und einer positiven Einstellung dem Leben gegenüber ist es dann möglich, seine ureigensten Aufgaben zu sehen und zu erfüllen.
Während der Drogensüchtige den Boden unter den Füßen verliert, tiefer und tiefer in dem Sumpf der Scheinwelt versinkt, aus der er mit eigener Kraft selten herausfindet, ist der aus der Oberstufe des Autogenen Trainings Kommende gefestigt, klar – fast könnte man sagen »erleuchtet« –, das Wesentliche zu erkennen und zu tun.
Immer wieder erlebe ich das Wachsen der seelischen Kräfte, gewissermaßen eine Erstarkung des Gemütes. Es dauert einige Zeit, bis der Jugendliche so weit vorgedrungen ist, Zusammenhänge zu erkennen und das Autogene Training in verschiedenen Stufen als Hilfe in sein Leben einzubauen.
In einigen wenigen Grenzfällen habe ich am Scheidewege zwischen Drogen und Autogenem Training Wandlungen erlebt, die auf allen Seiten, bei den Betroffenen und den Beobachtern der Umwelt, großes Staunen auslösten.

29 Rainer und die Drogen

Rainer, 17 Jahre alt, war süchtig. 4 Jugendliche hatten sich zusammengetan, um Drogen auszuprobieren. Da Hasch nicht genug brachte und einer an das »Zeugs« herankam, waren sie gerade auf harte Drogen – auf Injektionen – umgestiegen, als er zu mir kam.
In klaren Stunden bekam Rainer, wenn er darüber nachdachte, einfach Angst – Angst vor den Folgen, vor dem Leben überhaupt. Noch erfaßte er leidlich, was auf dem Spiel stand. Er war glücklich, als ich ihm von der möglichen Wirkung – auch von den »Gedankenreisen« im Autogenen Training erzählte. Ich legte alles an Kräften, gerade auch an mütterlichen Kräften, in Rainers Behandlung. Rainer hatte seine Mutter nie gekannt, sie war bei der Geburt gestorben. Der Vater hatte wieder geheiratet, sich aber um Rainer nicht viel kümmern können – er war einer von den vielen Menschen, die keine Zeit haben.
Mit seiner zweiten Mutter verstand er sich nicht – es gab nur Streit, Krach wegen jeder Sache. So hatte es begonnen, daß Rainer Träume des Vergessens mit Hasch suchte und nun immer tiefer in den Strudel der Abhängigkeit geriet. Ich erwischte ihn buchstäblich in letzter Minute – und was ich kaum zu hoffen wagte, trat ein:
Nach 4 Wochen begann sich Rainers Persönlichkeit durchzusetzen. Ihn und die drei anderen hatte ich mindestens 3 x wöchentlich in meiner Praxis, und danach konnte ich eine Gruppenarbeit anlegen, die sich für Rainer und seine Freundin Sybille positiv auswirkte.
In knapp 6 Wochen waren sie frei von den Zwängen,

von der Umklammerung der Sucht – sie lebten wieder. Die andern beiden – Eva und Hartmut – mußten eine Zeitlang in einer für diese Fälle geeigneten Klinik behandelt werden, bis sie wieder ins Leben zurückfanden. Wenn man wie ich vor einigen Jahren auf einer Asienreise so vielen drogensüchtigen Jugendlichen begegnet ist, berühren einen diese schicksalhaften Zwänge stark. In Nepal war es, als ich in einem schmutzigen WC einer Gaststätte ein überdünnes, ätherisch aussehendes Mädchen traf – ihr langer Rock war zerschlissen, an den Füßen hatte sie gerade noch dünne Sohlen angebunden, der einstmals schöne Leinenkasack war verblichen, schmuddelig. Sie hatte lange blonde Haare, die ihr lose über die Schulter fielen; ihre Augen waren unnatürlich groß und etwas fern – so hatte ich den Eindruck.

Sie quälte sich mit Hustenkrämpfen, die aber nach einer Weile abklangen. »So, jetzt geht es wieder«, sagte sie in Deutsch – denn, daß ich aus Deutschland kam, hatte sie richtig vermutet.

»Ob ich auch mal wollte«, fragte sie und bot mir ihre Pfeife an. Langsam begann sich ihr Gesicht zu röten, die Züge entspannten sich, und ich sah gerade noch, wie sie sich aus den Mundwinkeln Blut abtupfte.

Eine TBC zu vermuten, war nicht schwer – und sie erzählte mir auch freimütig von ihrer Krankheit. Bei einem Tee in der Gaststube begann sie – stockend erst, dann immer flüssiger – zu erzählen. Von Zeit zu Zeit strich sie über mein Kleid mit dem Bemerken, daß es ein schöner Stoff sei.

»Ich werde an zu Hause erinnert.« Und wie es zu Hause war, warum sie wegging, war in wenigen Worten gesagt: Als Tochter reicher Eltern hatte sie »alles satt« – das Geld, das Besitztum, die Gesellschaft, vor allen Dingen und besonders die Schule. Mit den Eltern hatte sie sich auseinandergelebt – und so war sie mit ihrem Freund einfach auf große Fahrt gegangen. Unterwegs sei er gestorben – irgendwo in Indien –, aber sie sei wenigstens bis hierher gekommen. »Immerhin habe ich noch genug, um zu leben«, und sie meinte damit eindeutig den »Stoff«. »Ich lebe nicht mehr lange, aber weine nicht«, sagte sie, als sie meine Traurigkeit spürte, »ich bin glücklich.« Sie kam aus der Nähe von Blaubeuren. Sie wollte mir noch einen Gruß für die Mutter mitgeben, aber plötzlich schwieg sie, und sie versank in eine Art Trance. »Das dauert lange, bis die wach wird«, erzählte mir ein Amerikaner, »die spritzt und raucht gleichzeitig.« »Da ist mir meine Freundin doch lieber«, sagte er und zwinkerte mir zu. Seine Freundin war seine »Pfeife«. Auch er bot mir eine an – oder zumindest sollte ich doch eine von den schönen Zigaretten probieren.
Er war ganz enttäuscht, als ich ablehnte. »Was tust du hier?« fragte ich ihn und erfuhr, daß er Lehrer war – ja, einfach Lehrer, betonte er, als er mein Erstaunen bemerkte – und wenn er »seine Freundin nicht mehr füllen könne«, würde er eben arbeiten, bis er für diesen Zweck wieder genügend Geld hätte. »So lebe ich ein freies, schönes Leben«, behauptete er. »Ich bin glücklich, so glücklich«, erklärte er immer wieder. »Und wer hier umfällt und nicht mehr aufsteht, ist auch glücklich.«

In dem Geschäft, in dem man frei Marihuana, Haschisch und andere Drogen kaufen konnte, erklärte der vielleicht 13jährige Verkäufer »never I'll take this«, er nähme nie dergleichen, er mache nur sein Geschäft, und dabei strahlte er mich an.
Diese Erinnerungen werden immer wieder wach, wenn ich mit drogensüchtigen Jugendlichen zu tun habe, die in der Regel – zumindest im fortgeschrittenen Stadium – einer Spezialbehandlung bedürfen.
Ich habe bei dem Versuch, in diesen Fällen Autogenes Training einzusetzen, viele Rückschläge erlebt, kann aber doch – wie im schon geschilderten Fall – von einigen Erfolgen sprechen. Hier handelt es sich aber vorwiegend um Grenzfälle, um noch Einsichtige mit einer Bereitschaft zur Änderung. Hier konnte das Autogene Training in Verbindung mit Gesprächsberatung, Gruppenerlebnissen und Aktivitäten noch Besserung und später Heilung bringen. In den meisten Fällen war bei noch vorhandener Aufnahmebereitschaft nach suggestiv vermittelten Übungen der Einstieg in die Bilder- und Farbenwelt wirkungsvoll und beeindruckend.
Bei vorangegangener Drogeneinnahme – besonders wenn der Konsum über längere Zeit bestand – war bei diesen Jugendlichen eine gewisse Sensibilisierung festzustellen, d. h., sie waren suggestiv schneller, stärker und nachhaltiger zu beeinflussen. Das Autogene Training in seinen Grundübungen wurde in den meisten Fällen schnell verstanden und geübt – warteten sie doch sehnsüchtig auf Traumerlebnisse, auf Reisen in ein Land, das sie von der Droge kannten. Nun hofften sie,

auf anderen Wegen Zugang zu bekommen, sich von der »bösen« Welt zu entfernen – der sie sich nur langsam und zögernd wieder näherten.
Immer wieder hatte ich es – vor allem in den Jahren 1972–74 – mit Drogensüchtigen zu tun, in den letzten Jahren hingegen mehr mit alkoholtrinkenden, oftmals alkoholkranken Jugendlichen. »An Alkohol läßt sich besser, schneller, billiger herankommen. Der macht fit, der tröstet!« Solche Aussprüche höre ich immer wieder und erfahre zum wiederholten Male einen Hilferuf aus dem »inneren Notstand«.
Auch hier ist das Autogene Training eine Methode der Wahl, die man als Hilfe einsetzen kann.
Wenn keine besondere psychotherapeutische Behandlung aus der Ursachenerkenntnis heraus notwendig ist, hilft oft intensive Aufklärung mit programmierter Vorsatzhilfe. Immer wieder kommt einer von ihnen und berichtet von seinem schlechten Leberbefund, einer Fettleber. Über alles, was mit der Leber zusammenhängt, erschrecken die Jugendlichen sehr. Wenn sie sich dann vornehmen, vom Alkohol freizukommen und haben dabei einen Helfer, ist das oft der Weg zur inneren Freiheit und Gesundheit.
Soviel Erfolg ich auch mit dem Autogenen Training bei Jugendlichen habe, so ist doch die Chance, drogen- und alkoholsüchtigen Jugendlichen hierdurch zu helfen, begrenzt. Die Praxis eines Arztes bietet im allgemeinen nicht den richtigen Rahmen.
Die Behandlung erfordert ein Spezialwissen, das nur durch jahrelange Erfahrung erworben und eingesetzt

werden kann. Jedoch füge ich diese Erlebnisse als Beitrag hinzu – denn die aus dem Autogenen Training individuell entwickelten Vorsatzhilfen sind in solchen Fällen spezifische Randhilfen. Dabei ist eine Umstellung und damit verbundene Betreuung der gesamten Lebensform erforderlich.

In den üblichen Gruppen – oder Seminaren – werden solche Tatsachenberichte mit einer gewissen Neugier staunend aufgenommen, aber schnell wieder vergessen.

Jedoch folgte solchen Berichten in Gesprächen oft eine Äußerung wie: »Das wäre das Letzte, was ich täte – Drogen nehmen und saufen. Dann mache ich lieber ein Schuljahr doppelt.«

Rechtzeitige Warnung kann vielleicht oftmals den verhängnisvollen Schritt in die Sucht verhindern, deshalb wurden diese Beispiele hier aufgeführt.

Die Wirkung der vertieften Konzentration im Autogenen Training für Fortgeschrittene ist erstaunlich:

Die Kraft zur Konzentration wird erhöht – die Forderung nach genauer Erfassung eines Raumes, einer Landschaft, eines Bildes vertieft die Ruhe, damit die Besinnung und Sammlung – es werden schöpferische Kräfte wach – dynamische Impulse verhelfen Ideen zur Realisation – das Farberlebnis, womöglich in Form einer Traumreise, umreißt die inneren Werte und arbeitet sie heraus.

Es formen sich abstrakte Begriffe –
wie die der Liebe, Ehrfurcht, Gnade und Güte,
dynamische Bilder des Lebens, die – aus dem Gemüte

stammend, aus dem geistig reinen Gemüt – das Leben mit der Wahrheit suchen. Hier aber ist der Abstand zum Ich gewonnen:
Ich bin es nicht, oder bin ich es doch?
Spricht ein anderer aus mir?
Staunend über sich selbst empfängt der junge Teilnehmer seine Kräfte, um sie dann in seinem Leben verwenden zu können. Dies ist denen nicht verständlich, die das Autogene Training nur in der Unterstufe kennen, gerade die gedankliche Brisanz im Oberstufenerlebnis bringt jedoch den Erfahrenen viel Freude:
Es ist die Wirkung innerer Kräfte, die zu Harmonie und einem gesunden Leben führen.

In meiner 20jährigen Praxis in der Gruppenarbeit mit Jugendlichen habe ich erleben können, wie für viele dieser jungen Menschen das Autogene Training eine Wende in ihrer Lebensführung herbeigeführt hat. Die Gruppen waren auf 10 bis 15 Teilnehmer beschränkt. Unter den ca. 3000 Jugendlichen, die ich in das Autogene Training einführen konnte, befanden sich etwa
70 % Schüler
20 % Studenten
10 % Lehrlinge

davon ca. 60 % männliche und 40 % weibliche Teilnehmer, wobei das Alter zwischen 17 und 23 Jahren lag, also ein Durchschnittsalter von 20 Jahren.
Die Auswertung von ca. tausend Protokollen, die ich von den Teilnehmern erhielt, zeigt, daß 80 % aller Teilnehmer eine Hilfe durch das Autogene Training erfuhren. Es wurden beseitigt: Organstörungen, Prüfungsängste, allgemeine Angstzustände, bisweilen auch Drogenabhängigkeit. Im Zuge dieser Besserungen traten erhebliche Leistungssteigerungen bei den Teilnehmern des Autogenen Trainings ein.
Als wichtig für die Arbeit mit Jugendlichen im Autogenen Training hat sich herausgestellt: die Vertrauensbasis zwischen Jugendlichen und Übungsleiter. – Die Ergänzung der Übungen durch Gespräche, einzeln oder in der Gruppe. –
Randbetreuung durch gemeinsame Veranstaltungen wie Wandern, Sport, Gespräche am Kaminfeuer etc. Wesentlich ist es auch, das Autogene Training mit Fas-

zination überzeugend zu lehren. Nur so wird es der Schüler mit gleicher Begeisterung aufnehmen.
Die Anmeldungen zur Teilnahme am Autogenen Training haben in den letzten Jahren in meiner Praxis enorm zugenommen. Dies liegt nicht nur am größeren Bekanntheitsgrad, den das Autogene Training erfahren hat, es ist vor allem durch die Notwendigkeit begründet, Jugendlichen einen Weg aus dem Abseits zu zeigen. Die seelische Verarmung, die Orientierungslosigkeit unserer Jugendlichen und damit im Gefolge die Zunahme von Fehlverhalten und vegetativ bedingten Erkrankungen fordern den Einsatz des Autogenen Trainings. Wer seinen Kindern oder den Jugendlichen, die er betreut, aus seelischen Engpässen heraushelfen will, sollte versuchen, einen Arzt zum Erlernen des Autogenen Trainings zu finden. Die Adressen von Ärzten, die das Autogene Training erteilen, sind über die jeweilige Ärztekammer zu erfragen. Als nächste Möglichkeit bietet oft die örtliche Volkshochschule Gruppeneinweisungen in das Autogene Training an. Erzieher (auch Eltern) können sich im Autogenen Training unterrichten lassen und dann mit den ihnen anvertrauten Jugendlichen eine Gruppe zum Erlernen des Autogenen Trainings bilden. Voraussetzung hierfür ist, daß ein Arzt die Teilnahme für jeden einzelnen Jugendlichen am Autogenen Training freigegeben hat. Sollten Eltern, die das Autogene Training beherrschen, ihre heranwachsenden Kinder im jugendlichen Alter in das Autogene Training einweisen wollen, so müssen sie außer der ärztlichen Untersuchung bedenken, daß sich der

Jugendliche einer neutralen Person gegenüber besser öffnen kann als den Eltern, da viele Konflikte gerade in der Familienproblematik begründet sind.

Jeder stellt sich auf die Ruhe ein, schon mit der Ausatmung – z. B. einem Seufzer – das bedeutet bereits *Abstandsgewinnung.*
Abstand zu den Schwierigkeiten, zum Problem, zum Konflikt, Abstand zum Alltag.
Man stellt sich die Ruhe konzentrativ vor, z. B.
– mit einem Schriftbild, das Ruhe anzeigt –
Ich bin vollkommen ruhig
– einem Satz, den er selbst in der Vorstellung auf ein Blatt Papier, auf eine Tafel aufschreibt –
vollkommen ruhig, gelöst, entspannt
– einem Bild aus der Erinnerung –
– mit Bildern aus der Phantasie –
– Hineinstellen in eine Landschaft mit Farben. Bilder, die durch ihre Stimmung den Abstand vergrößern –
– mit einem individuell gewählten Musikeinstieg.
Die Ruhe wird dann zur tönenden, klingenden, schwingenden Ruhe. Man wird auf die Insel der Besinnung und Sammlung, damit zum *Selbst* geführt.

All diese Möglichkeiten zeigen Einstiege zum Autogenen Training – die Ouvertüre, die zur Ruhe führt.
Die Organübungen (s. Vorsätze) führen jeden Übenden zu seinem Seismographen der Seele, der auf unbewältigte Schwierigkeiten reagiert. Hier ist es möglich, den Vorsatz für das Herz, für den Bauch, damit z. B. für den Magen und Darm gesondert zu formulieren, also diese Organe individuell anzusprechen. Diese Vorsatzhilfen sollten möglichst unter ärztlicher Leitung gefunden und eingebaut werden.

Der Übende ist von vornherein nicht unbedingt an den wörtlichen Text der Übungsformeln gebunden. Ob er nun sagen will

Herz ruhig und gleichmäßig

oder das verbindende »und« in der Herzübung ausläßt oder ob er sich konzentrativ nur auf den Begriff

Bauch strömend warm oder
Sonnengeflecht strömend warm

einstellt, dies bleibt letztlich seinem Gefühl überlassen. Wichtig ist jedoch, daß man bei der einmal gewählten Formel, den Worten und Satzbildungen, bleibt, um dem »Befehl« eine bessere Wirkung zu verschaffen. Jede Übung, ebenso die Ruheeinstellung am Beginn, sollte ca. sechsmal pro Sitzung wiederholt werden. Nach jeder Übungsstufe erfolgt noch einmal die Kurzformel für jede einzelne Übungsstufe. Hat man z. B. die Sonnengeflechtsübung bewältigt, so erfolgt am Ende dieser Übung die Formel:

Ich bin vollkommen ruhig, gelöst, entspannt
schwer, warm
Herz ruhig, Atmung ruhig
Es atmet mich
Sonnengeflecht strömend warm

Dabei kann z. B. der Magen in der Sonnengeflechtsübung extra angesprochen werden:

Magen arbeitet gut

Zu diesen Formulierungen kann vor allem der ärztliche Übungsleiter durch ergänzende Gespräche eine Einweisungshilfe geben. Werden die Übungen der Unterstufe – die Organübungen im Autogenen Training –

beherrscht, so kann man weitere Vorsatzhilfen einbauen. Am Ende einer jeden Sitzung ist es wichtig, sich aus der Autosuggestion herauszuholen. Dies geschieht durch das »Zurücknehmen« – man winkelt und streckt mehrmals die Arme, atmet tief durch und gibt sich den Befehl »Augen auf«. Dieses »Zurücknehmen« sollte schon nach der Ruheeinstellung geübt werden. Diese Zurücknahme entfällt, wenn man schlafen möchte.

Die formelhafte Vorsatzbildung – die individuell angestrebten Ziele also – kann auf jeder Stufe des Autogenen Trainings mit in die Übungen eingesetzt werden, am besten jedoch nach der 6. Übung, der Kopfeinstellung. Zu beachten ist hier, daß nur positive Formulierungen verwendet werden sollten.

Die individuell formulierte Vorsatzhilfe, die dem Übenden angenehm und erfüllbar erscheint, sollte also immer sein:

positiv, direkt und gegenwartsnah

Am besten gilt für 14 Tage immer der gleiche Vorsatz. Erst wenn der erste Vorsatz erfüllt ist, kann ein zweiter Vorsatz hinzukommen. Niemals sollten allerdings mehr als 3 Vorsätze eingeschaltet werden. Ein vierter Vorsatz wird nur dann eingeblendet, wenn der erste Vorsatz wegfallen kann, das heißt das Programm von selbst abläuft und so wieder drei Vorsätze eingeblendet sind.

Unter den Vorsätzen unterscheidet man zwei Gruppen:

1. die formelhaften Vorsatzbildungen im Organbereich. Sie dienen der Vertiefung der Übungen in der Unterstufe:
   - Vertiefung der Ruhe
     z. B. *ich bin und bleibe ruhig*

- Ansprechen der Organe und Organsysteme, Muskeln, Gefäße, Herz, Bronchien, Bauch und Kopf. Dabei ist z. B. eine besondere Zuwendung auf das aufgeregte Herz oder den nervösen Magen möglich, der von J. H. Schultz beschriebene »Eingriff bei sich selbst«, den der Übende mit dem Autogenen Training erlernt;

2. die Vorsätze aus der Sicht der Psychohygiene.
   Sie werden allgemein von der Ursache vegetativer Störungen abgeleitet und individuell gestaltet. Dabei spielen schwerpunktmäßig Probleme, Konflikte, Angst, Neurose, Konzentrations- und Leistungsschwäche, oft verbunden mit Schlafstörungen, eine Rolle.

So bedeutet das Autogene Training eine Hilfe zur Bewältigung der Probleme im Leben, die gerade die Jugend von heute – bedingt durch unsere hektische Lebensform – sucht und findet.

Übungsplan zum Autogenen Training der Unterstufe

Übungen	Formeln	Wochenablauf
Übungs-einstellung:	Ich bin vollkommen ruhig! Ruhig! Gelöst! Entspannt! Zurücknehmen üben!	1. Woche
1. Schwere-einstellung: (Muskel-entspannung)	Rechter (linker) Arm ist ganz schwer! Rechtes (linkes) Bein ist ganz schwer!	2. Woche
	Ich bin ganz schwer! Schwer!	3. Woche
2. Wärme-einstellung: (als Wärme-erlebnis mit	Rechter (linker) Arm ist ganz warm! Rechtes (linkes) Bein ist ganz warm!	4. Woche
Vertiefung der Ruhe)	Ich bin ganz warm! Warm!	5. Woche

Anmerkung: Beide Übungen gehen praktisch ineinander über, da es sich um ein generalisierendes Erlebnis handelt. Nach 4 Wochen Übungszeit von 1. und 2. Übung erfolgt die Abstandsgewinnung zum Alltag mit der konzentrativen Einstellung:

Ich bin vollkommen ruhig! Schwer!
Warm! Gelöst! Entspannt!
Ruhig, schwer, warm, gelöst,
entspannt!

3. Herz-erlebnis:	(Mein) Herz schlägt ruhig und gleichmäßig! Herz schlägt ruhig und gleichmäßig, kräftig und regelmäßig!	6. Woche
	Herz ruhig, gleichmäßig, kräftig, regelmäßig	7. Woche

Übungen	Formeln	Wochenablauf
4. Atemübung: (vertieft Ruhe, Schwere und Wärme)	Atmung ganz ruhig! Es atmet mich!	8. Woche 9. Woche

Anmerkung: Zusammenfassung der Übungen, deren Erfolg sich jetzt unmittelbar einstellt:

	Vollkommen ruhig! Schwer! Warm! Gelöst! Entspannt! Herz ruhig! Es atmet mich!	10. Woche
5. Sonnengeflechtsübung: (vertieft als Leibübung die	Sonnengeflecht strömend warm!	11. Woche
Ruhe, Schwere und Wärme und entspannt die Bauchorgane – Magen, Darm etc.)	Sonnengeflecht strömend warm! Ruhig! Warm! Gelöst! Entspannt!	12. Woche

Anmerkung: Zusammenfassung aller bisher erlernten Übungen:

	Vollkommen ruhig! Schwer! Warm! Herz ruhig! Atmung ruhig! Es atmet mich! Sonnengeflecht strömend warm!	13. Woche
und noch einmal betonen:	Ruhig! Schwer! Warm! Gelöst! Entspannt!	

Übungen	Formeln	Wochenablauf
6. Kopfein- stellung:		
(Kühler Verstand!	Stirn ein wenig kühl!	14. Woche
Angenehme Ent-	Stirn angenehm kühl!	15. Woche
spannung! Ver-	Stirn ein wenig kühl!	16. Woche
tiefung der Ruhe!)	Stirn angenehm kühl!	

Anmerkung: Der Ablauf der Übungen vollzieht sich jetzt von selbst! Mit der konzentrativen Einstellung auf das Organ erfolgt die Beeinflussung und Umstellung und damit die Regulierung.

Zusammenfassung:

Ich bin vollkommen ruhig! Schwer! Warm!
Herz schlägt ruhig und gleichmäßig!
Atmung ganz ruhig! Es atmet mich!
Sonnengeflecht strömend warm!
Stirn angenehm kühl!

Zum Erlernen der Übungen der Unterstufe im Autogenen Training benötigt der Übende gewöhnlich 2½ bis 4 Monate.

Von Gisela Eberlein sind außerdem erschienen:

Autogenes Training mit Märchen
Ein ECON-Ratgeber für Eltern und Kinder
116 Seiten, Pappband

»Die bekannte Ärztin Gisela Eberlein bietet in diesem Buch in spielerischer Form Autogenes Training für Kinder an. Neu ist der Weg Kindern gezielt über Phantasiegeschichten Hilfen anzubieten, sich zu entspannen, Phantasie und Aktivität zu fördern, Konzentrationsschwächen zu überwinden, das Selbstbewußtsein zu stärken und störende Ängste und Hemmungen abzubauen.«
Welt des Kindes

Gesund durch Autogenes Training
128 Seiten mit 6 Abbildungen, Pappband

»Dr. Gisela Eberlein gibt konkrete Anleitungen für eine sinnvolle Anwendung dieses „Yoga des Westens", so daß das Buch eine Hilfe für alle ist, deren Nerven dem täglichen Streß ausgesetzt sind.«
Arbeit und Sozialpolitik

Autogenes Training für Fortgeschrittene
110 Seiten, Pappband

»Die Übungen haben den Sinn, die Souveränität gegenüber den Problemen und Konflikten des Alltags zu steigern. Der Leser soll über eine bewußte Lebensform zu einer positiven Lebenshaltung gelangen.«
Westfalen-Blatt